Mathematik zum Lesen II

Mathematik zum Lesen II

Eigentlich ist Mathematik ja etwas ganz Wunderbares. Leider wird sie fast immer als Drohkulisse dargestellt,

von Ralf Neitzel

Bibliografische Information der Deutschen Nationalbibliothek:
Die Deutsche Nationalbibliothek verzeichnet diese Publikation
in der Deutschen Nationalbibliografie; detaillierte bibliografische
Daten sind im Internet über http://dnb.dnb.de abrufbar.

Mathematik zum Lesen II
©2024 Ralf Neitzel

Verlag: BoD • Books on Demand GmbH, In de Tarpen 42,
22848 Norderstedt
Druck: Libri Plureos GmbH, Friedensallee 273, 22763 Hamburg

ISBN: 978-3-7597-5209-3

Inhaltsverzeichnis

Vorwort 7

Die erste Lektion
Esst weniger Bananen 11

Die zweite Lektion
Navigieren wie auf der Titanic 33

Die dritte Lektion
Der Karton, wo am meisten reingeht 69

Die vierte Lektion
Der Rettungsschwimmer 85

Die fünfte Lektion
Die Leiter rutscht weg 105

Die sechste Lektion
Sirenen im Weltall 121

Die siebte Lektion
Wir kochen uns ein Ei 141

Die achte Lektion
Der Strom kommt aus der Steckdose 161

Die neunte Lektion
Warum ist es oben auf dem Berg immer so kalt 177

Die zehnte Lektion
Wie groß können Dinosaurier werden? 205

Die elfte Lektion
Je mehr Wölfe desto weniger Schafe? 221

Nachwort 229

Danksagung 230

Literaturverzeichnis 231

Vorwort

Unsere Welt ist auf wunderbare Weise kompliziert und vielschichtig, und das nimmt kein Ende. Und wir müssen auch immer wieder skeptisch und genau hinschauen, damit wir uns nicht vorschnell verkehrte Meinungen darüber bilden oder felsenfest falsche Tatsachen behaupten. Wie schon in meinen vorangegangenen Büchern angedeutet und in den Kapiteln zu lesen, es gibt mehr als genug Sachverhalte, Zusammenhänge und Mechanismen, die mit der mathematischen Brille betrachtet erheblich klarer erscheinen. Vorausgesetzt man verschließt dabei nicht die Augen.

Anliegen dieses Buches ist es, eben diese alltäglichen (jaaa nicht immer alltäglich, ich weiß) Sachverhalte so darzustellen, dass die Erstellung und Anwendung der jeweiligen mathematischen Werkzeuge verstehbar wird. Nichts anderes. Und ich hoffe, das ist mir - mal wieder - einigermaßen gelungen.

Oft genug hatte ich mich selbst in eine Sackgasse hineinmanövriert, häufig hatte ich einfach mal ein Thema aufgegriffen ohne vorher zu wissen, wie man das mathematisch lösen kann. Aber nach probieren und scheitern, was ich auch oft genug ungeschönt so im jeweiligen Kapitel beschrieben habe, fand sich dann doch noch eine Lösung.

Nun, insbesondere in dem Kapitel über die astronomische Navigation habe ich versucht, durch das Weglassen all dieser kleinen Fehler- und Störfaktoren zunächst einen theoretischen Weg aufzuzeigen, der zwar die Wirklichkeit nicht ganz so genau wiedergibt, aber klar und nachvollziehbar erscheint. Erst danach, nachdem der eigentliche sauber extrahierte mathematische Weg klar ist, kann man versuchen, die "störende Wirklichkeit" in die sauber extrahierte Mathematik mit einzubeziehen.

Gewiss, man kann auch leidenschaftlich darüber streiten, ob denn Mathematik wirklich so viel mit strahlenden Bananen, Rettungsschwimmern, wegrutschenden Leitern und der frischen Luft in den Bergen zu tun hat. Aber die Gegenfrage lautet doch: Womit denn sonst? Etwa nur mit sich selbst?

Wofür soll denn Mathematik sonst da sein?

Mathematik ist grenzüberschreitend (auch für Außerirdische), verfallsdatumfrei, unpolitisch, wirklich neutral. So als würde man eine Klarsicht-Brille aufsetzen. Eine auf das Wesentliche reduzierte Form der Verständigung. Eine internationale Sprache der Wirklichkeit.

Wer also immer noch frohen Mutes ist und einigen Banalitäten des Alltags mathematisch gesehen auf die Schliche kommen will, wer wirklich tapfer sich einer unbegreiflichen Realität stellen möchte, der liest jetzt weiter.

Ralf Neitzel
Oktober 2024

Die erste Lektion
Esst weniger Bananen

In Zeiten, in denen sich die Menschen an Bahngleise ketten, wenn eines dieser Castor-Behälter anrollt, gut funktionierende Kernkraftwerke abgeschaltet werden und Uran als etwas ganz Schreckliches angesehen wird, das überall verboten werden sollte, mutet es es geradezu grotesk an, wenn sich vielleicht die selben Menschen in eine Radon-Therapie begeben, weil sie Glauben, damit ihrem Organismus etwas Gutes zu tun. Wie ist so etwas möglich?

Vielleicht weil der Glaube vorherrscht, natürliche Radioaktivität sei etwas Gutes weil von der Natur während künstliche Radioaktivität etwas ganz Schlimmes ist weil künstlich? Auch in der Chemie gibt es ja genügend Parallelen dazu...

Aber gerade solche, sich scheinbar widersprechende Sachverhalte sind für uns Mathematiker ein gefundenes Fressen! Wir wollen hier mal - wie immer - mit echten Fakten einen Sachverhalt beleuchten, der hoffentlich für etwas Überraschung sorgt. Diese echten Fakten erfordern natürlich einen kleinen Exkurs in die Welt der Physik, aber keine Angst, hier bleibt alles verständlich. Jedoch, wer sich dem verweigert, muss leider weiterhin glauben und vermuten und Wunderheilern und Scharlatanen auf den Leim gehen.

Bekannt ist, dass der Mensch für die Aufrechterhaltung seiner Funktionen im Körper nicht nur Eiweiß, Kohlenhydrate und Fett braucht. Essenziell sind auch diverse Vitamine und Mineralstoffe in unterschiedlichen Mengen. Zu den Mineralstoffen gesellt sich unter anderem auch Kalium, ein chemisches Element.

Im Periodensystem der Elemente sitzt Kalium, ein Alkalimetall, ganz links in der ersten Spalte. Hier mal ein vereinfachtes Periodensystem der Elemente mit dem schwarz markiertem Kästchen mit dem Buchstaben K für Kalium:

H																	He
Li	Be											B	C	N	O	F	Ne
Na	Mg											Al	Si	P	S	Cl	Ar
K	Ca	Sc	Ti	V	Cr	Mn	Fe	Co	Ni	Cu	Zn	Ga	Ge	As	Se	Br	Kr
Rb	Sr	Y	Zr	Nb	Mo	Tc	Ru	Rh	Pd	Ag	Cd	In	Sn	Sb	Te	I	Xe
Cs	Ba	Lu	Hf	Ta	W	Re	Os	Ir	Pt	Au	Hg	Tl	Pb	Bi	Po	At	Rn
Fr	Ra	Lr	Rf	Db	Sg	Bh	Hs	Mt	Ds	Rg							

Der Blick in dieses Periodensystem der Elemente, also diese Tafel, die früher immer im Physik-Hörsaal hinten an der Wand hing, zeigt Kalium als ein Element mit der Ordnungszahl 19 und eine relative Atommasse von 39,098. D.h. im Kaliumkern sind 19 Protonen und meistens 20 Neutronen.

Das hört sich immer alles so kompliziert an, ist es aber nicht. Alle Atome bestehen aus einem Kern, der aus Protonen und Neutronen besteht und Elektronen, die diesen Kern umkreisen. Zwar sind in Wirklichkeit die Protonen und Neutronen keine kleinen Billardkugeln, die da so im Kern herumkullern, und die Elektronen umkreisen den Kern auch nicht wirklich wie Planeten ihre Sonnen, aber dieses Atommodell reicht für unsere Zwecke hier völlig aus. Sollte jemand unter uns sein, dem das hier alles zu einfach ist, der kann gerne das Fass der Quantenphysik öffnen. Aber dann laufen wir alle schreiend davon.

Für unsere weiteren Betrachtungen benötigen wir noch eine sogenannte Nuklidkarte:

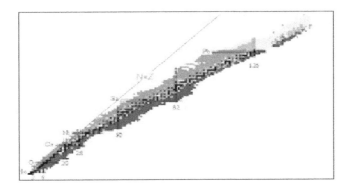

Der Blick in so eine Nuklidkarte zeigt die ganzen Isotope, die es zu jedem chemischen Element so gibt und das sind mehrere Tausend.

Bekannt dürften beispielsweise die verschiedenen Isotope beim Uran sein. Da gibt es ^{235}U, ^{238}U und ^{239}U und weitere. Die jeweiligen Isotope der einzelnen Elemente unterscheiden sich in der Anzahl der Neutronen im Kern und damit - und das ist eben das, worum es hier geht - in der "Stabilität". Isotope eines bestimmten Elementes sind entweder stabil oder zerfallen mit unterschiedlichen Halbwertszeiten.

Auf der nächsten Seite mal der entsprechende Auszug aus solch einer Nuklidkarte mit den Kaliumisotopen (K) sowie darüber den Isotopen für Calcium (Ca) und darunter den Isotopen von Argon (Ar), einem Edelgas, das in unserer Atmosphäre zu etwa 1% enthalten ist. In den jeweiligen Kästchen für die Isotope stehen noch weitere Angaben wie die prozentuale Verteilung der Isotope und, sofern nicht stabil, die jeweiligen Halbwertszeiten und vor allen Dingen auch um was für einen Zerfall es sich dabei jeweils handelt.

Betrachten wir das Kalium mit den Isotopen ^{38}K bis ^{42}K, so können wir erkennen, dass die Kaliumisotope ^{39}K und ^{41}K stabil sind und dadurch auch den größten Anteil am Kalium darstellen. Einige ganz wenige Kaliumisotope, also diese 0,0117%, haben 19 Protonen und 21 Neutronen im Kern, in Summe 40, daher auch die Bezeichnung ^{40}K. Und - Schreck lass nach - genau diese Kaliumatome sind instabil und zerfallen mit einer Halbwertszeit von 1.248.000.000 Jahren.

D.h. wenn wir beispielsweise 100 g von diesem ^{40}K hätten, dann würden nach 1.248.000.000 Jahren davon nur noch die Hälfte, also 50 g, übrig bleiben. Die anderen, zerfallenen 50 g sind nicht etwa verschwunden, die haben sich in stabiles ^{40}Ca, also dieses Calcium 40, das oben links in diesem Nuklidkarten-Ausschnitt zu sehen ist, verwandelt. Na ja, fast stabil. Hat doch dieses ^{40}C eine Halbwertszeit von etwas mehr als $3 \cdot 10^{21}$ Jahre! Trilliarden wohlgemerkt, aber das nur am Rande.

		40Ca	41Ca	42Ca	43Ca	44Ca
		>3 ·10²¹ y 96,94% 2 ε	1,02·10⁵ y ε 100%	0,65% Stabil	0,135% Stabil	2,1% Stabil
	38K	39K	40K	41K	42K	
	7,6 min ß-	93,3% Stabil	0,0117% 1.248·10⁹ y ß-	6,7% Stabil	12,3 h ß-	
36Ar	37Ar	38Ar	39Ar	40Ar		
0,33% Stabil	35 d ß-	0,063% Stabil	269 y ß-	99,6% Stabil		
		37Cl	38Cl			
		24,23% Stabil	37,2 min y ß-			

Zurück zum Kalium. Dieses ß- beim ^{40}K zeigt uns, dass diese instabilen Kaliumisotope dadurch zerfallen, dass sie ein Elektron "abschießen". Und genau das sind diese sogenannten Betastrahlen, nämlich in unterschiedlichen Geschwindigkeiten vom ^{40}K weg fliegende Elektronen.

Übrigens, diese Halbwertszeiten von den Isotopen sind von außen nicht beeinflussbar. Es ist also völlig egal, ob das Kalium chemisch an irgendwelchen Molekülen dran hängt, in der Kühltruhe tiefgefroren ist oder in Olivenöl eingelegt wurde. So, das also zunächst zur Kernphysik von ^{40}K.

Jetzt zur Biologie. Der Tagesbedarf von Kalium liegt im Schnitt bei etwa 4 g, die im Normalfall im Körper vorhandene Kaliummenge liegt bei etwa 140 g. D.h. es kommt immer von außen etwas Kalium hinzu und ein Teil wird wieder ausgeschieden. Und daraus können wir schließen, dass auch die Zusammensetzung der Kalium-Isotope, die bei uns im Körper sind, dem aus der Nuklid-Karte entspricht. Klingt gruselig, ist aber so. Mittels Dreisatz können wir schnell ausrechnen, wie viel von diesem ^{40}K wir im Körper haben:

100% = 140 g
0,0117% = 0,01638 g

Also fast nichts OK. Aber, wenn wir dabei die Anzahl an diesen instabilen Atomen berechnen, die wir bei 0,01638 g Kalium vorfinden, sieht die Sache schon wieder ganz anders aus. Und wie berechnen wir eine Anzahl an Atomen, wenn wir das Gewicht haben? Nun, auch in der Physik haben sich natürlich gewisse Hilfsmittel eingebürgert, um an den einen oder anderen Wert zu gelangen.

Zwar sind Tabellen mit richtigen Gewichtsangaben von verschiedenen Atome recht dünn gesät, aber dafür gibt es Listen, in denen die "relativen Atommassen" der verschiedenen Atomsorten aufgeführt sind.

Diese "relativen Atommassen" sind so etwas wie eine Angabe über das Gewicht der einzelnen Atome verglichen mit anderen Atomen. Natürlich fehlen hier noch die genauen Angaben eines Bezugsatoms. Die Physik ist, was diese ganz kleinen Teilchen betrifft, in Wirklichkeit furchtbar kompliziert. Da gibt es Wellengleichungen, Quantenphysik und Kernmodelle. Alles Sachen, die uns im Moment aber nicht weiter helfen.

Uns genügt es zu wissen, dass beispielsweise ein Stickstoffatom 14 mal so schwer ist (jaaa, nicht ganz genau) wie ein Wasserstoffatom, dass die relative Masseeinheit von 1 hat. Was wir jetzt noch brauchen, ist das tatsächliche Gewicht einer solchen relativen Masseeinheit. Nun, hier ist es:

rel. Masseeinh. = 0,00000000000000000000000000166055 kg

oder, in der etwas knapperen aber dafür viel übersichtlicheren Exponentialschreibweise geschrieben:

1 relative Masseneinheit = $1{,}66055 \cdot 10^{-27}$ kg

oder in Gramm:

1 relative Masseneinheit = $1{,}66055 \cdot 10^{-24}$ g

D.h., ein Wasserstoffatom mit der relativen Masseeinheit von 1 wiegt $1{,}66055 \cdot 10^{-24}$ g. Und ein Kaliumatom mit der relativen Masseeinheit von 40, also dieses ^{40}K, wiegt dann natürlich 40 mal soviel wie ein Wasserstoffatom, das macht dann

Gewicht von ein Atom ^{40}K = $40 \cdot 1{,}66055 \cdot 10^{-24}$ g

Gewicht von ein Atom ^{40}K = $66{,}422 \cdot 10^{-24}$ g

Immer noch ziemlich wenig, aber das ist ja so bei diesen Winzlingen. Um weiterzukommen brauchen wir jetzt natürlich noch die Anzahl an ^{40}K-Atomen, die in den 140 g enthalten sind, die sich in unserem Körper befinden. Dazu müssen wir lediglich diese 0,0117 % bzw. diese 0,01638 g an ^{40}K-Atomen teilen durch das Gewicht von $66{,}422 \cdot 10^{-24}$ g, also folgendes:

$$\frac{0{,}01638 \text{ g}}{66{,}422 \cdot 10^{-24} \text{ g}} = 246.605.040.498.629.971.997 \text{ Stück}$$

Etwas gerundet $246 \cdot 10^{18}$ Stück!

Also, halten wir fest, in unserem Körper befinden sich $246 \cdot 10^{18}$ instabile ^{40}K-Atome. Und was hilft uns jetzt weiter? Der Blick in so einem besseren Physikbuch. Da, wo Formeln zu finden sind über Halbwertszeiten, Zerfallsraten und ähnliches. Was wir schon haben, ist die Halbwertszeit von ^{40}K und die Menge an ^{40}K-Atomen. Jetzt brauchen wir die Anzahl an Zerfälle pro Zeit.

Was für Zusammenhänge finden wir da?

Die Anzahl an Atomen, die in einem gewissen Zeitraum zerfallen, also dieses ΔN geteilt durch die Zeit Δt, ist abhängig von der Gesamtanzahl an Atomen N mal genommen mit einer Zerfallskonstante, die sich meistens λ nennt. Und mit dem Minuszeichen davor zeigen wir, dass die Menge kleiner wird. Das sieht mathematisch natürlich viel klarer aus:

$$\frac{\Delta N}{\Delta t} = -\lambda \cdot N$$

Aber fehlt da nicht irgendwo die Halbwertszeit in der Formel? Ja, aber das ist nicht das Entscheidende, das kommt noch. Das Entscheidende ist, dass diese Formel, so wie sie da oben steht, nicht ganz richtig ist. Denn sobald ein paar Atome zerfallen sind, also wenn das N kleiner geworden ist, bleiben auch weniger übrig, die zerfallen können. Na ja, ist ja nicht das erste mal, dass sich in unseren Formeln so blöde Abhängigkeiten tummeln.

Und zwar: Je mehr Atome zerfallen sind, desto ungenauer wird die Berechnung. Der Ausweg aus diesem Dilemma ist wie immer der gleiche, denn daraus ergibt sich natürlich der zwingende Umkehrschluss, je weniger Atome zerfallen, also je kürzer der Zeitraum ist, den wir betrachten, desto genauer wird die Formel. Da haben wir es! Machen wir den Zeitraum einfach ganz kurz, unendlich kurz! Wie wir das addieren, da kümmern wir uns gleich drum. Unendlich kurz? Ja, das schreibt sich dann so:

$$\frac{dN}{dt} = -\lambda \cdot N$$

Aus dem großen Δ wird ein kleines d. Damit signalisieren wir in der Mathematik, dass wir etwas unendlich klein gemacht haben. So klein, dass es zwar noch da ist, aber eine mögliche Vergrößerung oder eine Verkleinerung nicht wirklich ins Gewicht fällt. Auch wenn es nicht so einfach ist, sich unendlich wenige Atome oder eine unendlich kurze Zeitspanne vorzustellen, wir bekommen dadurch die Möglichkeit, diese störenden Abhängigkeiten von den zerfallenden Atomen durch einen mathematischen Klimmzug zu eliminieren. Dazu stellen wir die Gleichung noch ein wenig um, sodass wir folgendes erhalten:

$$\frac{dN}{N} = -\lambda \cdot dt$$

Und jetzt machen wir genau das, was diese Gleichung in eine nützlichere Form verwandelt. Die Gleichung ist dann auch für nicht mehr so unendlich kleine Dinge zu gebrauchen. Wir integrieren auf beiden Seiten. Integrieren? Was um Himmels willen ist dieses Integrieren? Genau genommen bedeutet Integrieren so etwas wie Aufaddieren, denn wir addieren alle unendlich kleinen Teile. In unserer Gleichung sind es links die Anzahl an Atomen die zerfallen und rechts der Zeitraum. Mathematisch wird das Integrieren durch ein $\int$ wie folgt geschrieben:

$$\int \frac{dN}{N} = \int -\lambda \cdot dt$$

Aber wie geht denn nun dieses ominöse Addieren? Nun, ein ganz simples Beispiel wäre

$$\int dN = N$$

In mathematischer korrekter Sprache heißt das "Das Integral über dN ist N". Etwas unmathematischer formuliert heißt das "wenn wir alle unendlich kleinen dN addieren, erhalten wir N". Zugegeben, das kling ein wenig wie wenn man den Hut mit dem Hammer aufsetzt, soll aber den Mechanismus hinter diesem Integralzeichen beschreiben. Die verächtlichen Blicke der Berufsmathematiker sind uns sicher, sollten uns aber nicht davon abhalten, die ersten Füße in die Tür der erhabenen Infinitesimalrechnung zu stellen, um diese geistig zu erfassen. Schwieriger zu integrieren ist ja immer noch unsere oben aufgestellte Gleichung, zunächst die linke Seite:

$$\int \frac{dN}{N}$$

Aber - wie so oft - können wir uns auch hier wieder freuen über den unendlichen Fleiß einiger kluger Köpfe, die das eine oder andere für uns schon erledigt haben. Denn es gibt nicht nur Brotrezepte und Montageanleitungen für Dachluken. Es gibt auch Ansammlungen von schon integrierten Funktionen. Und genau da schauen wir mal nach. Da finden wir, analog zu unserer Gleichung, also da, wo das unendlich Kleine über dem Bruchstrich steht und der eigentliche Wert unter dem Bruchstrich, folgendes:

$$\int \frac{dx}{x} = \ln(x) + C$$

Natürlich inklusive diesem blöden C, das zunächst für Verwirrung sorgt, weil da plötzlich wieder so eine Unbekannte in der Gleichung auftaucht. Aber dieses mathematisch korrekte C ist deshalb da, weil wir beim Integrieren eine neue Funktion erhalten, mit der wir - in einem entsprechendem Diagramm, in dem die zu integrierenden Kurve eingezeichnet wäre - die Fläche unter dieser Kurve berechnen können. Und da wir dafür noch keine Grenzen festgelegt haben, also links für den Anfang und rechts für das Ende der Fläche, addieren wir einfach etwas Unbekanntes dazu. Und wenn wir diese beiden Grenzen in unsere Funktion einsetzen, dann fliegt dieses C inkl. Skepsis hochkant aus der Gleichung raus. Und was sind diese Grenzen? Nun, wenn wir einen gewissen Anfangszustand mit N_0 Teilchen betrachten und einen Zustand nach der Zeit t, dann haben wir danach N Teilchen. Jedenfalls sieht der erste Teil der Gleichung so aus:

$$\int_{N_0}^{N} \frac{dN}{N} = \ln(N) + C - \ln(N_0) - C$$

Und daraus wird dann

$\ln(N) - \ln(N_0)$

weil + C - C Null ergibt. Und da die Differenz zweier Logarithmen das gleiche ist wie der Logarithmus aus der Division der beiden Argumente, schreiben wir

$\ln(N) - \ln(N_0) = \ln(N/N_0)$

So dass der erste Teil der Gleichung jetzt integriert so aussieht:

$$\int_{N_0}^{N} \frac{dN}{N} = \ln(N/N_0)$$

Der zweite Teil der Gleichung sieht integriert so aus:

$$-\lambda \cdot \int dt = -\lambda \cdot t + C$$

Diese Zerfallskonstante $-\lambda$ können wir auch vor das Integral stellen, die ändert sich ja nicht. Und wenn wir jetzt unsere Zeit-Grenzen einsetzen, also t_0 für den Anfang und t für die verstrichene Zeit, haben wir folgendes:

$$-\lambda \cdot \int_{t_0}^{t} dt = -\lambda \cdot t - (-\lambda \cdot t_0)$$

Und da $t_0 = 0$ ist, weil am Anfang die Zeit auch 0 ist, sieht das dann ausgerechnet so aus:

$$-\lambda \cdot \int_{t_0}^{t} dt = -\lambda \cdot t$$

Unsere Zerfallsgleichung, mit der wir etwas anfangen wollen, ist fast fertig. Der große Moment kommt jetzt. Zunächst haben wir ja folgendes aufgestellt:

$\ln(N/N_0) = -\lambda \cdot t$

Wenn wir nun das, was wir berechnen wollen, nämlich die Anzahl an zerfallenen Atomen N auf der linken Seite alleine stehen haben wollen, müssen wir noch etwas an der Gleichung herumbasteln. Wie kriegen wir dieses N/N_0 aus dem ln, also diesem natürlichen Logarithmus, raus? Nun, indem wir zunächst beide Seiten der Gleichung in den Exponenten von e stellen. Dieses e ist die Eulersche Zahl und die lautet e = 2,7182818...

$e^{\ln(N/N_0)} = e^{-\lambda \cdot t}$

Und da selbstverständlich

$e^{\ln(N/N_0)} = N/N_0$

ist, können wir notieren

$N/N_0 = e^{-\lambda \cdot t}$

Was schon mal ganz brauchbar aussieht. Und jetzt nur noch das N_0 rüber auf die andere Seite und voilà, die fertige Gleichung für den radioaktiven Zerfall steht vor uns:

$$N = N_0 \cdot e^{-\lambda \cdot t}$$

Können wir denn jetzt endlich mit dieser Gleichung ausrechnen, wie viele Zerfälle wir pro Sekunde haben bei $246 \cdot 10^{18}$ Stück Atomen ^{40}K? Noch nicht ganz, wir benötigen noch diese Zerfallskonstante vom ^{40}K, denn die haben wir nicht. Wir haben nur die Halbwertszeit. Also die Zeit, in der die Hälfte der Atome zerfallen ist.

Ist das nicht schon die Lösung? Wenn N also halb so groß ist wie N_0, dann entspricht doch t der Halbwertszeit $T_{1/2}$ oder? Also mathematisch so was hier:

$$N_0/2 = N_0 \cdot e^{-\lambda \cdot T_{1/2}}$$

Damit fliegt das N_0 schon mal aus der Gleichung, übrig bleibt das hier:

$$1/2 = e^{-\lambda \cdot T_{1/2}}$$

Und wenn wir jetzt einen kleinen Trick anwenden und beide Seiten zunächst durch 1/2 teilen und danach durch e und dem $-\lambda \cdot T_{1/2}$ dann bekommen wir folgendes:

$$2 = e^{\lambda \cdot T_{1/2}}$$

Und wenn wir jetzt dieses $\lambda \cdot T_{1/2}$ aus dem Exponenten wieder raus haben wollen, müssen wir wieder beide Seiten logarithmieren:

$\ln(2) = \lambda \cdot T_{1/2}$

$\ln(2) / T_{1/2} = \lambda$

Erinnert sich noch jemand an die Halbwertszeit von ^{40}K? Nun, es sind immer noch

$T_{1/2}$ = 1.248.000.000 Jahre

oder, weil wir gleich die Anzahl der Zerfälle in einer Sekunde berechnen wollen

$T_{1/2}$ = 39.356.928.000.000.000 s

Zwar immer noch elendig lange, bis die Hälfte an Atomen zerfallen ist, wir sollten aber nicht vergessen, dass die Anzahl an Atomen auch riesig hoch ist. Und was kommt jetzt? Wir müssen uns die Zerfallskonstante ausrechnen. Mittels

$\lambda = \ln(2) / T_{1/2}$

ergibt sich

$\lambda = 0{,}00000000000000001761182124 \text{ /s}$

$\lambda = 1{,}761 \cdot 10^{-17} \text{ /s}$

und wenn wir diesen Wert für λ einsetzen, für die Anzahl an Atomen N_0 den Wert von gerundet $246 \cdot 10^{18}$ Stück und für die Zeit t den Wert von einer Sekunde einsetzen, erhalten wir:

$N = N_0 \cdot e^{-\lambda \cdot t}$

$N = 246 \cdot 10^{18} \cdot e^{-1{,}761 \cdot 10^{-17} \text{ /s} \cdot 1s}$

N = 4342

Also ganze 4332 Atome von diesem Kalium 40 zerfallen in unserem Körper in jeder Sekunde! Es kann sein, dass beim Nachrechnen nicht jeder auf das gleiche Ergebnis kommt. Das liegt aber nicht daran, dass unsere mühsam hergeleitete Formel nicht richtig ist. Die ist lediglich für unsere Zwecke hier nicht zu gebrauchen. Wenn wir uns die Zahlen so ansehen, dann ist die Halbwertszeit mit Milliarden von Jahren recht lang und der Zeitraum, den wir hier betrachten mit nur einer Sekunde damit verglichen extrem kurz. Und genau daran scheitern einige unserer elektronischen Rechenhelfer. Wenn die nämlich nicht mit genug Stellen rechnen, wird das Ergebnis ungenau. Daher die unterschiedlichen Ergebnisse. Finden wir ein Ausweg?

Ja klar. Was genau suchen wir? Wir suchen die Anzahl an Atomen die in einer Sekunde zerfallen. Und das ist nichts anderes als die Aktivität. Und dafür - ja, wer hätte das gedacht - gibt es selbstverständlich auch eine fertige Formel, die sieht mit der Aktivität A so aus:

$A = \lambda \cdot N$

Die Einheit hierfür lautet Becquerel, wobei 1 Bq = 1/s

Wenn wir jetzt wieder unsere Werte einsetzen, müsste jeder Rechner damit klar kommen, so einfach kann Physik sein:

$A = 1{,}761 \cdot 10^{-17} \cdot 246 \cdot 10^{18}$

$A = 4332/s$

Also 4332 Atome von diesem Kalium 40 zerfallen in jeder Sekunde in unserem Körper! Das Kalium 40 ist ein Gamma- und Betastrahler. Sowohl Gammastrahlen als auch Betastrahlen können in unserem Körper erheblich biologische Schäden anrichten. Jedoch verfügt unser Körper über ausgeklügelte Mechanismen um diese Schäden umgehend wieder zu reparieren. Wäre das nicht so, wären wir - auch ohne Bananen - in unser Umgebung allein schon auf Grund der ständig strahlenden natürlichen Radioaktivität nicht überlebensfähig.

Übrigens, die biologische Wirkung radioaktiver Strahlung wird in Sievert bzw. Millisievert angegeben, das schreibt sich Sv bzw. mSv. Diejenigen also, die dauernd rumkrakeelen und mit Begriffen wie "radioaktiv verseucht" und "massive Strahlenbelastung" um sich werfen, sollten mal den Versuch unternehmen, diese eigenen Aussagen nachvollziehbar zu quantifizieren. D.h. Ausdrucke wie diese "massive Strahlenbelastung" durch eine Angabe in mSv zu präzisieren.

Und vielleicht noch eine Reise zu dem schönen Kurort Ramsar im Iran organisieren, um dort nicht nur freundliche Menschen zu treffen, sondern auch die irrationale Angst vor Strahlung abzubauen. Da gibt es wohltuende Heilbäder und eine natürlichen Hintergrundstrahlung von stellenweise über 200 mSv pro Jahr.

Die zweite Lektion
Navigieren wie auf der Titanic

Der Titel ist etwas irreführend, diese Lektion hat nämlich fast gar nichts mit Eisbergen und sinkenden Schiffen zu tun. Und dass die Titanic untergegangen ist, hat andere Ursachen. Das lag nicht an falsch angewendeter Mathematik. Zwar könnten Zyniker behaupten, die haben sich verrechnet, aber wenn das tatsächlich der Fall gewesen sein soll, dann auch nur - welch' Überraschung - beim Kompetenzgerangel. Jedoch, und das war der eigentliche Hintergedanke, lenkt der Name Titanic immer eine gehörige Portion Aufmerksamkeit auf sich.

Und, lernen wir in dieser Lektion so ein altbackenen Kram von früher? Nun, wer diese Frage mit Ja beantwortet, der macht auch aus allen Historikern langweilige Geschichtenerzähler und aus Seglern Traumtänzer einer ewiggestrigen Fortbewegungsart. Der will auch keine Pyramiden, kein Kolumbus und auch keine zischenden Dampfmaschinen mehr.

Wer hingegen neugierig durch die Welt spaziert, der gehört zu denen, die auch mal wissen wollen, wie man sich mitten auf See zurechtfindet ohne Navi, Kartenplotter und GPS, denn diese ganzen elektronischen Heinzelmännchen gab es auf diesen alten Dampf- und Segelschiffen nicht. Einige hatten noch nicht einmal Strom an Bord. Aber der Reihe nach.

Was behandeln wir in dieser Lektion? Die astronomische Navigation, also das Ermitteln der Position eines Schiffes mitten auf See mittels Sextant, Uhr und bestimmten Tabellen. Jedoch - und das ist das Ärgerliche - ist der Versuch, in der üblichen Form in das Thema einzusteigen, recht steinig. Schnell macht sich Resignation breit. Warum?

In der astronomischen Navigation gibt es jede Menge Sand, der in die Augen von Lernwilligen gestreut wird. Haufenweise komplizierter Kram, die üblichen Ausnahmen von den Regeln, schwierige und übertriebene Fehlerbetrachtungen, technische Nebenkriegsschauplätze (ein Sextant besteht aus ganz vielen Bauteilen...), dass es Mond, Planeten und Sterne gibt, nach denen man auch navigieren kann, Uhren gehen nicht genau und dass die Erde ja keine richtige Kugel ist sondern ein Ellipsoid. Ja sicher, alles ganz toll, aber das eigentliche Thema, der Kern der Sache, nämliche *das Prinzip der astronomischen Navigation* geht dann irgendwie unter. Und das ist nicht das erste mal, dass so was passiert. Wir wollen hier natürlich alles besser machen, das ist klar. Aber was ist denn nun das Prinzip der astronomischen Navigation?

Nun, wenn wir beispielsweise die Höhe a und die Position von einem Leuchtturm haben und wir den Winkel h zwischen Horizont und Leuchtturmspitze mit einem Sextant messen, haben wir schon mal den Abstand b zwischen uns und dem

Leuchtturm. Das sieht in einer Skizze mit Leuchtturm und Winkel h so aus:

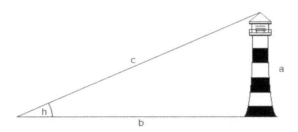

Und berechnen können wir b ganz einfach mit dem Tangens, was dann so aussieht:

$$\tan h = \frac{\text{Gegenkathete}}{\text{Ankathete}}$$

und umgestellt und auf unser Bild übertragen, denn wir suchen ja die Entfernung zum Leuchtturm, also die Ankathete b:

b = a / tan h

Aber das ist natürlich alles Kinderkram verglichen mit dem, was jetzt auf uns zukommt. Zunächst transportieren wir unseren

Leuchtturm mitsamt den beiden Katheten auf unseren Erdball, denn da wollen wir ja später auch drauf navigieren:

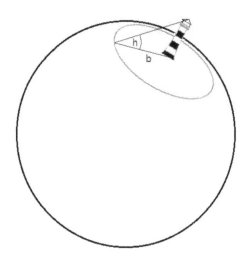

Und eigentlich haben wir hier immer noch das gleiche Prinzip, wir messen einen Winkel zwischen dem Horizont und der Leuchtturmspitze, setzen unsere kleine Tangensformel an und schwups haben wir exakt unseren Abstand. Geht das so einfach?

Nein, natürlich ist das nicht so einfach. Wir sollten uns lieber nicht zu früh freuen, denn leider ist die Erde keine flache Scheibe sondern eine runde Kugel. Also mal eben mit dem Tangens vom Winkel h die Entfernung messen geht nicht.

In Wirklichkeit sieht es so aus wie auf diesem Bild hier. Die untere Linie, die Ankathete b, also die eigentliche Entfernung von unserer Position zum Leuchtturm ist keine gerade Linie, sondern eine Kurve. Das ist zwar nicht unbedingt ein Problem, aber der Winkel h ist jetzt etwas kleiner. Und die Berechnung von b natürlich etwas komplizierter...

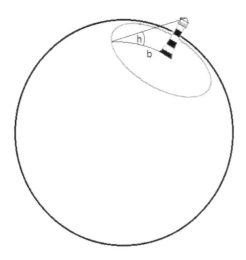

Und, da wir uns hier mit der astronomischen und nicht mit der terrestrischen Navigation beschäftigen, haben wir es auch nicht mit Leuchttürmen zu tun, die nur 45 oder 80 m hoch sind. Genau genommen haben wir es mit einem imaginären Leuchtturm zu tun, der erstens ziemlich hoch ist, nämlich etwa 149.000.000 km, und der sich zweitens auch noch bewegt, und das ist das Blöde. Aber eins nach dem anderen, zunächst müssen wir das mit dieser extremen Höhe irgendwie zu fassen kriegen. Dazu mal wieder eine Skizze mit einer noch nicht ganz so hohen Sonne, das könnte so aussehen:

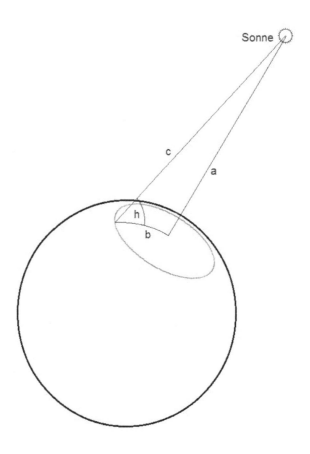

Jetzt eine weitere Skizze, ähnlich wie die vorangegangene Skizze, jedoch mit dem Versuch, die Geschichte noch näher an die Wirklichkeit ranzurücken, also wenn die Sonne unendlich weit weg wäre. Das machen wir, in dem wir die beiden Geraden a und c als parallele Linien darstellen. Das Einzige, was sich dann wirklich ändert, ist der Winkel h, der ist ein ganz klein wenig größer geworden. Aber das ist auch alles:

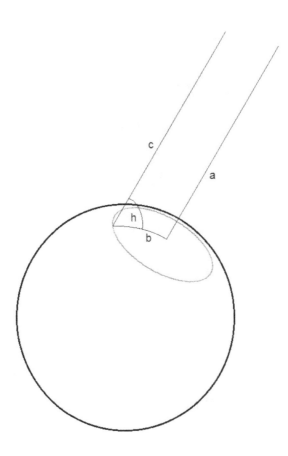

Und was erkennen wir da? Dass dieses neue Gebilde nicht mehr so aussieht wie eins unserer üblichen Dreiecke. Ist das ein Problem? Na ja, die Frage ist ja jetzt, wie hilft uns dieser Winkel h weiter und wie erfassen wir diesen überhaupt? Erfassen tun wir diesen Winkel mit einem Sextanten. Das sind diese filigranen und teuren Messgeräte, die wir heute eher in Museen denn auf modernen Yachten finden:

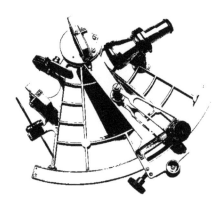

Und der Winkel h? Durch die mathematische Brille betrachtet können wir sagen, wenn der Winkel h tatsächlich mal 90° hat, wäre es so, als würden wir direkt im Leuchtturm drin stehen. Oder, auf die astronomische Navigation übertragen, hätten wir die Sonne exakt über uns.

Der große Unterschied ist aber, beim Leuchtturm wissen wir ganz genau, wo der steht. Der ist nicht nur in der Seekarte ganz genau eingezeichnet, der bewegt sich auch nicht, kein Millimeter. Aber die Sonne, die bewegt sich, und zwar ziemlich schnell...

Bevor wir jetzt hier einfach so weiter machen, müssen wir uns vorher mit ein paar Fachbegriffen beschäftigen. Und das nicht etwa um die ganze Sache hier noch weiter zu verkomplizieren, sondern einfach nur deswegen, damit wir nicht aneinander vorbei reden. Kommt ja leider allzu oft vor, auch in Sachbüchern.

Natürlich haben sowohl Leuchtturm als auch unsere Sonne eine bestimmte Position in der Seekarte, die sich bei der Sonne, wie schon gesagt, schnell bewegt. Die Position der Sonne ist die Stelle, wo eine gedachte Verbindungslinie zwischen dem Erdmittelpunkt und der Sonne durch die Erdoberfläche durch läuft. Und das ist dieser sogenannte Bildpunkt, der, wie eben schon angedeutet, geschwind über die Erdoberfläche flitzt.

Und wenn wir jetzt für einen kurzen Moment die Zeit anhalten würden, dann könnten wir uns daran machen, auch diesen Bildpunkt als Leuchtturm für unsere navigatorischen Zwecke zu verwenden. Dieser Bildpunkt wäre wie ein ganz normaler Leuchtturm, nur eben ein klein wenig höher. Dann wäre das brauchbar für eine Entfernungsmessung von uns bis zu diesem Bildpunkt.

Wir müssten nur in diesem stillstehenden Moment, der kurze Moment der Winkelmessung, ganz genau wissen, wo sich der Bildpunkt von unserem Sonnen-Leuchtturm befindet. Aber erst mal die Skizze mit der Sonne, dem Bildpunkt und dem Erdmittelpunkt:

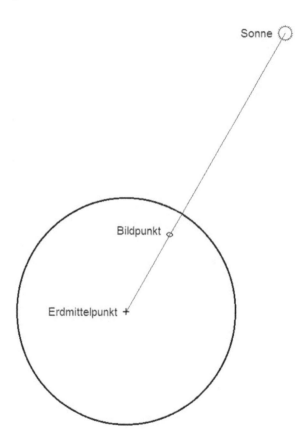

Und wie finden wir die Position unseres Sonnen-Bildpunktes? Können wir da nicht schon irgendwas rechnen?

Noch nicht, wir brauchen erst mal ein ordentliches Koordinatensystem, um uns auf der Erdoberfläche zurechtzufinden. Ohne Koordinatensystem sind wir so verloren wie in einer Stadt ohne Straßennamen. Also, das müsste eigentlich jeder wissen, wir haben einen Äquator und einen Nordpol und zwischen diesen beiden hat unser Sonnenbildpunkt einen sagen wir mal "vertikalen" Winkel δ, d.h. die geografische Breite, in Fachkreisen nennt sich das auch Deklination. Das ganze sieht so aus:

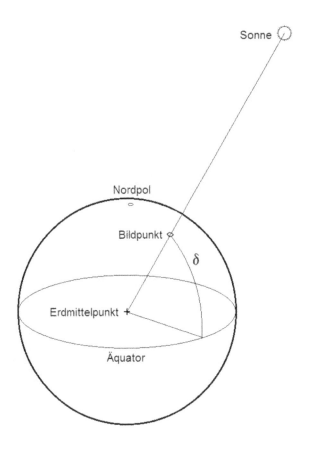

Und wenn es einen "vertikalen" Winkel δ gibt, dann muss es ja auch einen "horizontalen" Winkel geben, d.h. die geografische Länge. Nun, den gibt es natürlich auch, der wird genannt "Greenwicher Stundenwinkel", meist abgekürzt mit GRT oder international GHA (Greenwich Hour Angle), und das sieht in unserer Skizze so aus:

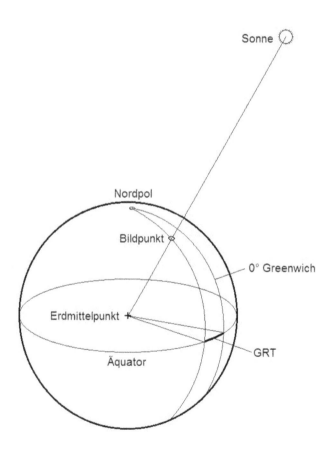

Diese Linie, an der 0° Greenwich dran steht, ist der nullte Längengrad. Das ist der Längengrad, der durch den Londoner Stadtteil Greenwich geht. Und von da an von oben gesehen im Uhrzeigersinn wird dieser horizontale Winkel GRT angegeben.

So, wenn das bis hierher soweit klar ist, dann folgen jetzt ein paar Gedanken zu den Bewegungen des Bildpunktes. Und auch wenn wir dabei Galileo Galilei in den Rücken fallen, für unsere astronomische Navigation lassen wir einfach die Sonne um die Erde kreisen und nicht anders herum. Daraus können wir folgern, der Bildpunkt der Sonne fängt bei GRT = 0° an und läuft von Ost nach West, und zwar innerhalb von 24 h einmal um die Erde rum, also so was wie 360° pro Tag oder 15° pro Stunde. Das dürfte niemandem überraschen, schließlich hat ja auch jeder Tag 24 Stunden. Das also zu der "horizontalen" Bewegung des Bildpunktes.

Jetzt zur "vertikalen" Bewegung des Bildpunktes, also diese Deklination mit dem Winkel δ. Was wissen wir da? Dass die Sonne zum Beispiel nie genau von oben auf den Nordpol scheint, was der Fall wäre, wenn $\delta = 90°$ hätte.

Wie groß kann den δ überhaupt werden? Die Orte, die über dem nördlichen und unter dem südlichen Polarkreis liegen, haben mitten im Sommer die Mitternachtssonne und mitten im Winter ist es da auch mitten am Tag stockduster, weil die Sonne in der

Zeit gar nicht mehr aufgeht. Und Orte, die zwischen dem nördlichen und dem südlichen Wendekreis liegen, haben mitten im Sommer die Sonne auch mal direkt von oben, d.h. egal wo wir uns zwischen diesen Wendekreisen befinden, irgendwann wirft auch da eine Straßenlaterne mal kein Schatten!

Die für unsere Zwecke brauchbare mathematische Folgerung daraus ist: Der Bildpunkt der Sonne bewegt sich innerhalb der beiden Wendekreise. Und noch etwas mathematischer: Der Winkel δ schwankt zwischen $+23{,}5°$ und $-23{,}5°$. Hier mal die Skizze zu den Wendekreisen:

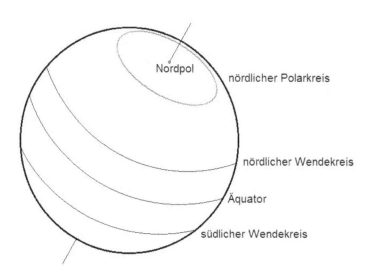

Und jetzt machen wir uns daran, die Sache mathematisch anzupacken, zunächst die "horizontale" Bewegung. Einige Festlegungen haben wir ja schon gemacht, unter anderem, dass der GRT des Bildpunktes der Sonne um genau 12:00 mittags bei 0° GRT liegt. Wenn sich der Bildpunkt der Sonne pro Stunde um 15° nach Westen bewegt, können wir daraus schließen, dass der Bildpunkt der Sonne um sagen wir mal 14:00 bei GRT 30° liegt. Das geht auch ohne passende Formel. Bei einer Zeitangabe wie beispielsweise 16:37:22 wird die Sache aber schon etwas schwieriger. Wie könnte eine solche Formel aussehen? Wenn in jeder ganzen Stunde der Bildpunkt um 15° weiterwandert und um 12:00:00 bei 0° liegt, dann bleibt nichts anderes übrig als das wie folgt zu beschreiben:

GRT = 15 · (Uhrzeit – 12)

Das Ganze mal ohne Geschwafel und auf das Wesentliche konzentriert, so wunderbar klar ist die Sprache der Mathematik. Einziger Stolperstein ist diese verdammte sexagesimale Schreibweise der Uhrzeiten. Denn es ist ja beispielsweise nicht 14,5 Uhr sondern 14:30. Das müssen wir bei der Eingabe unserer Werte in die Formel berücksichtigen, d.h. wir müssen die Nachkommastelle mit 60 malnehmen, dann haben wir die Anzahl an Minuten, oder, wenn wir anders herum rechnen wollen, die Anzahl an Minuten durch 60 Teilen, dann haben wir den Wert hinter dem Komma.

Und jetzt die "senkrechte" Bewegung unseres Bildpunktes. Das ist die Bewegung, deren Ursache in der Umrundung der Erde mit ihrer schiefen Achse um die Sonne liegt. Das heißt, die Bewegung benötigt ein ganzes Jahr für einen Durchlauf und wiederholt sich dann immer wieder. Und, es ist kein Zufall, wenn dieser Bildpunkt in seiner gedachten Bewegung einer sinusförmigen Schwingung gleicht. Jaaa, nur in etwa. Diese Sinuskurve bzw. unser Bildpunkt fängt am 21. März bei δ = 0° an, hat sein Maximum von δ = 23,5° am 21. Juni, sein Minimum am 21. Dezember usw. wie in folgender Skizze dargestellt:

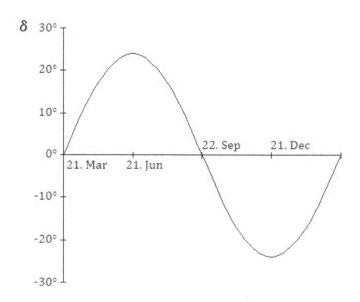

Das Gute an einer solchen sinusförmigen Kurve ist ja, wir können diese in mathematischer Form beschreiben und damit auch nutzen für unsere Zwecke hier. Aber wie müsste eine solche Formel aussehen? Wir machen uns mal Stück für Stück an die Sache ran.

Der Sinus geht immer nur von −1 bis +1. Wenn das Ergebnis δ immer nur zwischen +23,5° und −23,5° schwanken kann, dann müssen wir den Sinus von irgendwas mit 23,5 malnehmen. Wenn dieses irgendwas sich alle Jahre wiederholt, dann muss der entsprechende Anteil als Teil von 365 Tagen mit 360° mal genommen werden. Und wenn am 21. März δ = 0° sein soll, dann muss das Argument im Sinus 0 oder 360 betragen. Das geht, wenn im Zähler des Bruches am 21. März 365 steht, daher diese komischen 284. Das n steht für die Anzahl an Tagen vom 1. Januar bis zum jeweiligen Datum, der 21. März wäre damit der 81ste Tag im Jahr. Und damit sieht unsere Formel für die Berechnung der Deklination δ der Sonne so aus:

$$\delta = 23{,}5 \cdot \sin\left[360 \cdot \left(\frac{284 + n}{365}\right)\right]$$

Wir haben jetzt also die Möglichkeit, durch Eingabe einer Uhrzeit und einer Tagesanzahl, die Koordinaten des Bildpunktes der Sonne zu berechnen. Der Abschnitt für die hier heimlich mitlesenden Erbsenzähler folgt noch, keine Sorge.

Jetzt müssen wir "nur noch" die Höhe h der Sonne messen. Dazu machen wir uns noch eine Skizze:

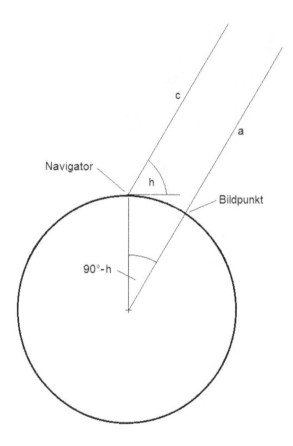

In dieser Skizze misst der Navigator - also wir - mit dem Sextanten die Höhe h der Sonne, also den Winkel zwischen der

Sonne und dem Horizont. Wir können jetzt - wenigstens theoretisch - behaupten, wenn wir mit dem Sextanten beispielsweise 90° messen, dann haben wir die Sonne genau über uns und dieser Winkel 90° − h hat dann genau 0°. Das ist zwar noch keine bahnbrechende Erkenntnis, jedoch, wenn wir mit dem Sextant 34° messen würden, dann hätte dieser Winkel 90° − h = 56°. Und ein Winkel von 56° in der Form, wie in obiger Skizze dargestellt, ist nichts anderes als der 56/360ste Teil des Erdumfanges. Und genau das hilft uns Navigatoren, denn dieser 56/360ste Teil des Erdumfanges, also dieser Abstand zum Bildpunkt, können wir berechnen mittels

Abstand = 56/360 · 40.000 km

Abstand = 6.222 km

Das mit den Seemeilen und den Winkelgraden kommt auch später.

Jedenfalls ist dieser Abstand auch gleich der Radius der sogenannten Höhengleiche, manchmal auch Standlinie genannt. Diese Höhengleiche ist der Kreis auf der Erdoberfläche, von dem aus die Sonne immer die gleiche Höhe h hat. D.h. egal wo wir uns auf der Höhengleiche befinden, messen wir mit dem Sextanten immer den gleichen Winkel h zur Sonne.

Das sieht in einer vereinfachten Skizze so aus:

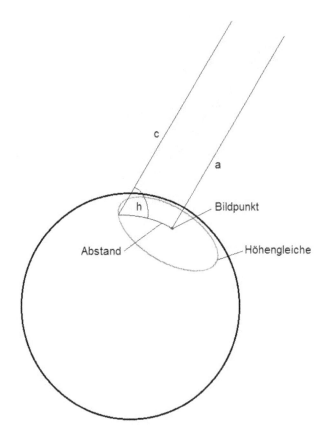

Wir haben also dadurch, dass wir den Bildpunkt der Sonne berechnet und den Winkel zwischen Horizont und der Sonne gemessen haben, wenigstens eine Höhengleiche, auf der wir uns irgendwo drauf befinden. Wo genau, das wissen wir nicht. Für eine Positionsbestimmung auf dem weiten Meer reicht das aber nicht. Was können wir da machen?

Nun, entweder wir messen die Höhe h einer weiteren Sonne, die es zumindest in unserem Sonnensystem nicht gibt. Oder wir warten ein paar Stunden, berechnen dann den neuen Bildpunkt der Sonne und messen auch wieder deren Höhe h. Dann hätten wir eine weitere riesengroße Höhengleiche, die sich an zwei Stellen mit der alten Höhengleiche schneidet und auf einem der beiden Schnittpunkte befinden wir uns. Aber nur, wenn wir uns nicht bewegen.

Festzustellen, auf welchem der beiden Schnittpunkte wir uns befinden, dürfte nicht so schwer sein, denn die eigene zumindest ungefähre Position ist ja normalerweise immer einigermaßen bekannt. Also wenn der eine Schnittpunkt beispielsweise im Ural-Gebirge liegt und der andere zwischen Mallorca und Ibiza und wir gerade in der Bucht von Palma unterwegs sind, dann dürfte die Wahl nicht so schwer fallen.

Wenn uns das alles zu aufwendig ist mit diesen zwei Höhengleichen, könnten wir ja auf die Idee kommen, die Sonne mit dem Kompass anzupeilen. Dann hätten wir den Winkel, den eine Linie hätte, die durch den Bildpunkt geht und unsere Höhengleiche schneidet. Dieser Winkel nennt sich Azimut und wird von Norden aus gezählt, wie die Kompassrose auch. D.h.

würden wir die Sonne beispielsweise mittags genau im Süden anpeilen, dann hätten wir ein Azimut von 180°, am späten Nachmittag hätten wir vielleicht ein Azimut von etwa 250° und ganz früh am Morgen, wenn die Sonne gerade aufgeht, ein Azimut von vielleicht 95°. Diese Linie würden wir dann in unsere Seekarte eintragen, und zwar vom Bildpunkt aus bis sie die Höhengleiche schneidet. Und genau an diesem Schnittpunkt wären wir. Ist das nicht die Lösung?

Theoretisch schon, aber praktisch noch nicht ganz. Und zwar im Wesentlichen deshalb, weil erstens die Messung des Azimutes, diese eigentliche Peilung, recht ungenau werden würde und zweitens, eine Höhengleiche können wir nur dann in die Seekarte einzeichnen, wenn gleichzeitig auch der von uns aus gesehen mehrere Tausend Seemeilen entfernte Bildpunkt der Sonne mit drauf wäre. Das wäre vielleicht auf einem Globus - an Bord doch recht selten - möglich, aber nicht mit den üblichen Seekarten, die wir so dabei hätten. Und nicht nur das, aber zu diesen ganzen Fallstricken und Hindernissen später mehr.

Es gibt aber eine weitere Methode. Und wenn der Navigator für die dadurch erforderlichen Berechnungen nicht länger braucht als die Sonne mit ihrem zweiten Bildpunkt, dann wäre das zumindest eine nachdenkenswerte Alternative. Der Nachteil, wie eben schon angedeutet, sind diese etwas komplizierteren Berechnungen. Aber dafür gibt es ja Mathebücher wie dieses...

Und wie geht diese Variante? Ähnlich wie die, die wir eben schon betrachtet haben, dazu nutzen wir aber auch noch die geschätzte Position unseres Standortes. Also eine Position, die wir aus dem bisherigem Kurs und der zurückgelegten Strecke uns zurechtbasteln. Und zwar inklusive all dieser lästigen Fehler, die sich bei solchen Positionsermittlungen so gerne einschleichen. Diese ermittelte Position nennt sich Koppelort und ist - weil ermittelt aus einer vorangegangenen Position - etwas ungenau, was aber nicht schlimm ist.

Jedoch, und da liegt der berühmte Hase im Pfeffer bzw. der erdachte Trick des französischen Fregattenkapitäns Marcq Saint Hilaire, ist die Ungenauigkeit, die der Berechnung des Azimutes aus den Koordinaten des Bildpunktes und des Koppelortes anhaftet, wesentlich geringer als die Ungenauigkeit, die sich aus der Peilung des Bildpunktes vom Koppelort aus mittels Kompass ergeben würde.

Und warum ist das so?

Weil die Entfernung zwischen dem Bildpunkt der Sonne und unserem Koppelort erheblich größer ist (mehrere tausend Seemeilen) als die Entfernung zwischen dem tatsächlichen - und noch unbekannten - Standort und unserem Koppelort (vielleicht 25 Seemeilen, wenn der Navigator einen schlechten Tag hat).

So, und bevor wir mit der ganzen Prozedur hier anfangen, müssen wir uns vorher, ob wir wollen oder nicht, über die Bezeichnung der einzelnen Größen einig werden, denn sonst reden und rechnen wir aneinander vorbei. Was übrigens häufiger vorkommt als zunächst vermutet. Hier also die Bezeichnungen:

GRT_{Bildp} Länge des Bildpunktes (Greenwicher Stundenwinkel)

δ_{Bildp} Breite des Bildpunktes (Deklination)

GRT_{koppel} Länge des Koppelortes (Greenwicher Stundenwinkel)

δ_{koppel} Breite des Koppelortes (Deklination)

$h_{gemessen}$ Höhe, die wir tatsächlich mit dem Sextanten gemessen haben

$h_{berechn}$ Höhe, die wir berechnet haben und die wir hätten messen müssen, wenn wir uns auf dem Koppelort befunden hätten

Az   Azimut, das ist der Kurs, den wir fahren müssten, wenn wir vom Koppelort zum Bildpunkt hin wollten

So, nun die einzelnen Schritte der Reihe nach:

1. Wir ermitteln Länge und Breite des Bildpunktes der Sonne mithilfe unserer vorangegangenen nicht ganz so exakten Berechnungsmethoden oder aus nautischen Jahrbüchern. Dieser Bildpunkt liegt meist weit außerhalb unserer aktuellen Seekarte:

Die Koordinaten dieses Bildpunktes könnten z.B. lauten:

GRT_{Bildp} = 45° 31,8'
δ_{Bildp} = 18° 19,2'

2. Aus unserer ursprünglichen Position, der bisher versegelten Strecke und dem gefahrenen Kurs ermitteln wir mit einer gewissen Ungenauigkeit Länge und Breite unseres momentanen (zurechtgekoppelten...) Standortes. Diesen nennen wir daher den Koppelort:

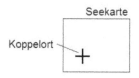

Beispielsweise wenn wir vor Lissabon gemütlich herum schippern würden, dann wären das hier unsere ca.-Koordinaten:

GRT_{koppel} = 9° 11,7'
δ_{koppel} = 38° 41,2'

3. Wir messen mit dem Sextanten die Höhe $h_{gemessen}$ der Sonne, also Beispielsweise

$h_{gemessen}$ = 51,8°

4. Wir berechnen die Höhe $h_{berechn}$ der Sonne, die wir hätten mit dem Sextanten messen müssen, wenn wir uns genau auf dem Koppelort befunden hätten. Diese Höhe berechnen wir mit den Koordinaten des Bildpunktes und des Koppelortes und mit einer kompliziert herzuleitenden Formel:

$h_{berechn}$ = arcsin (sin δ_{Bildp} · sin δ_{koppel} +
+ cos δ_{Bildp} · cos δ_{koppel} · cos (GRT_{Bildp} − GRT_{koppel}))

Und wenn wir da unsere oben schon ermittelten Koordinaten

GRT_{Bildp}	=	45° 31,8'	oder dezimal	45,53°
δ_{Bildp}	=	18° 19,2'	oder dezimal	18,32°
GRT_{koppel}	=	9° 11,7'	oder dezimal	9,19°
δ_{koppel}	=	38° 41,2'	oder dezimal	38,69°

einsetzen, dann ergibt das eine Höhe von

$h_{berechn}$ = 52,5°

5. Wir berechnen das Azimut vom Koppelort aus zum Bildpunkt. Das ist, wie weiter oben schon beschrieben, der Kurs, den wir fahren müssten, wenn wir vom Koppelort zum Bildpunkt hin wollten, also in dieser Skizze wären das z.B. so ca. 225°

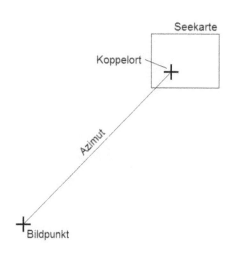

Die Berechnung selbst dieses Azimutes Az kriegen wir auch wieder mit so einer recht kompliziert herzuleitenden Formel hin:

$$Az = \arccos((\sin \delta_{Bildp} - \sin \delta_{koppel} \cdot \sin h_{berechn})/(\cos h_{berechn} \cdot \cos \delta_{koppel}))$$

Und, da wir mit dieser Formel nur Werte zwischen 0 und 180° herausbekommen, wir aber eine Richtung zwischen 0° und 360° benötigen - unsere Kompassrose -, müssen wir das Ergebnis noch auf den Vollkreis von 360° umrechnen. Wie das geht? Nun, wenn der Bildpunkt östlich von unserem Koppelort liegt (vormittags), müssen wir gar nichts machen, denn dann liegt die Richtung vom Koppelort zum Bildpunkt irgendwo zwischen 0 und 180°. Liegt der Bildpunkt jedoch westlich von unserem Koppelort (nachmittags), dann müssen wir das Az von 360° abziehen, das ist alles.

In unserem Falle, da der Bildpunkt westlich vom Koppelort liegt, müssen wir das Az von 360° abziehen. Mathematisch sieht das dann so aus:

wenn $GRT_{Bildp} < GRT_{koppel}$ dann

$$Az = \arccos((\sin \delta_{Bildp} - \sin \delta_{koppel} \cdot \sin h_{berechn})/(\cos h_{berechn} \cdot \cos \delta_{koppel}))$$

wenn $GRT_{Bildp} > GRT_{koppel}$ wie in unserem Falle, dann

$$Az = 360° - \arccos((\sin \delta_{Bildp} - \sin \delta_{koppel} \cdot \sin h_{berechn})/(\cos h_{berechn} \cdot \cos \delta_{koppel}))$$

so dass

Az = 360° − 112,5°

Az = 247,5°

6. Wir berechnen die Differenz zwischen der tatsächlich gemessenen Höhe $h_{gemessen}$ und der berechneten Höhe $h_{berechn}$ mit den Werten von vorhin:

$h_{gemessen}$ = 51,8°
$h_{berechn}$ = 52,5°

$h_{berechn} - h_{gemessen}$ = 0,7°

Zwar ist ein Winkel noch keine Entfernung, aber, und das ist das Gute an den Seemeilen, entspricht 1° auf der Erde genau 60 Seemeilen bzw. eine Bogenminute entspricht 1 Seemeile. Und damit entsprechen diese errechneten 0,7° auch genau 42 Seemeilen

7. Wir bewegen uns um diese berechnete Höhendifferenz von 42 Seemeilen zwischen der berechnete Höhe $h_{berechn}$ und der gemessenen Höhe $h_{gemessen}$ entlang auf der Azimutlinie. Und zwar, wenn die gemessene Höhe größer ist als die berechnete Höhe dann in Richtung zum Bildpunkt hin und wenn die gemessene Höhe kleiner ist als die berechnete Höhe, wie in unserem Beispiel hier, dann in Richtung vom Bildpunkt weg. Wir kriegen dann einen neuen Punkt auf unserer Azimutlinie.

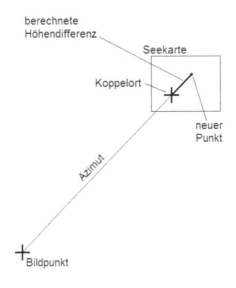

8. Auf diesem Punkt auf der Azimutlinie zeichnen wir im rechten Winkel zur Azimutlinie eine neue Linie. Und genau diese Linie ist unsere Standlinie. D.h. eine Linie, auf der wir uns irgendwo befinden (irgendwo in der Nähe unseres Koppelortes), die wir mittels der astronomischen Navigation und etwas trigonometrischer Mathematik ausgearbeitet haben und in die Seekarte eingezeichnet haben. Das sieht in unserer Skizze so aus:

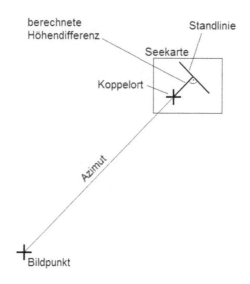

Und wenn wir nur mit einer Standlinie, auf der wir uns "irgendwo" befinden, nicht zufrieden sind, dann müssen wir diese ganze Prozedur noch mal machen. Und zwar zu einem späteren Zeitpunkt, wenn die Sonne ein ganzes Stück weiter gewandert ist. Dann würden wir eine zweite Standlinie konstruieren und - sofern wir uns nicht bewegt haben - würden wir uns am Schnittpunkt dieser beiden Standlinien befinden. Fertig, das war's!

Und was ist, wenn wir nach dem Zeichnen der ersten Standlinie einfach weitersegeln? Ja, dann müssen wir wieder einen weiteren Koppelort ermitteln und eine neue Standlinie zeichnen und ...

So, und bevor wir nun siegessicher und freudestrahlend alle GPS-, Galileo- und sonstige elektronische Navigationshilfen Hals über Kopf und vor Freude strahlend über Bord werfen, sollten wir erst mal kurz innehalten und einige Sachverhalte, die sich störend auf die astronomische Navigation auswirken und die wir bisher geflissentlich übersehen haben, uns noch mal vor Augen führen. Sozusagen das Kapitel für die Erbsenzähler.

Das fängt mit der Messung der Höhe mit dem Sextanten an. Zwar sind die Geräte selbst recht genau, jedoch müssen wir einen Sextanten auf der schaukelnden Yacht auch ruhig halten können, das ist nicht einfach. Dann kommt noch hinzu, dass wir uns nicht auf der Wasseroberfläche befinden, sondern etwa 2 m über der Wasseroberfläche. Außerdem ist die Luft bis zum Horizont auch nicht homogen, unterschiedlich dichte Luftschichten täuschen eine falsche Höhe der Sonne über dem Horizont vor, ähnlich einem Fisch im Aquarium, der befindet sich auch nicht genau da, wo wir glauben ihn zu sehen, wenn wir von oben ins Aquarium reinschauen.

Und dann, wenn wir glauben, wir könnten einfach Länge und Breite, also δ und GRT der Sonne mit diesen beiden zuvor beschriebenen Formeln berechnen, dann irren wir uns. Wir müssen wissen, dass sich die Erde leider nicht so schön gleichmäßig auf einer mathematisch exakten Ellipsenbahn durchs All bewegt. Und nicht nur das, diese Ellipsenbahn dreht sich auch noch um sich selbst, Fachleute nennen sowas Apsidendrehung.

Die Erde selbst eiert in Wirklichkeit ganz schön rum, ähnlich einem gestörten Kreisel. Außerdem ist da auch noch der Mond, der durch seine Masse dafür sorgt, dass, ähnlich dem Hammerwerfer, sich Erde und Mond um einen gemeinsamen Schwerpunkt drehen. Das alles hat natürlich zur Folge, dass die Formeln zur Berechnung von δ und GRT, wollten wir für unsere Navigation brauchbare Werte erhalten, erheblich komplizierter sind.

Entscheidend sollte hier jedoch sein, dass wir mit diesem Kapitel etwas Klarheit in diese mystische astronomische Art der Navigation gebracht haben. Wir benötigen hierfür "lediglich" einen Sextanten, die Möglichkeit der Ermittlung der Koordinaten des Bildpunktes der Sonne und eine genaue Uhr. Und wenigstens noch einen Taschenrechner mit Winkelfunktionen, das reicht zur Positionsbestimmung.

Die dritte Lektion
Der Karton, wo am meisten reingeht

Habe mich entschlossen, dieses Kapitel mit einigen leichten Korrekturen und Ergänzungen aus meinem ersten Buch "X^3 - Ein Mathebuch, wie ich es mir schon immer gewünscht habe" in dieses Buch hinüberzuretten. Einfach weil dieses Kapitel sehr schön und klar zeigt, wie auch die höheren Ebenen der Mathematik eine praktische Hilfe sein können, um alltägliche Dinge elegant und präzise lösen zu können.

In diesem Falle geht es darum, anstatt zig Schmierzettel mit zermürbenden Berechnungen unzähliger und unvorhersehbarer Ergebnisse zu füllen, greifen wir entschlossen zum Bleistift, schreiben ein paar komplizierte Gleichungen auf und voilà, die Sache ist erledigt. Jene in Kathedralen so oft geübte Stille macht sich breit, sollte uns jemand beim Enträtseln dieser Aufgabe zusehen.

Zweifellos ist aber der Weg dorthin - wie immer - steinig. Jedoch wird jeder, der hier durch diese mathematische Kletterpartie durchgestiegen ist, nicht ohne eine gewisse Genugtuung von sich behaupten können, er habe etwas mehr als lediglich addiert, geteilt oder gar Wurzeln gezogen. Wir werden die 1. Ableitung bilden, diese Null setzen und dann das Maximum dieser Funktion ermitteln.

Angenommen, wir müssten aus einem quadratischen Stück Pappe einen Karton fertigen. Nicht weiter schlimm, wir schneiden ganz einfach an jeder Ecke ein gewisses quadratisches Stück heraus, knicken die so neu entstandenen Rechtecke nach oben, und nach dem Zusammenleimen der Kanten ist der Karton fertig nicht wahr ?

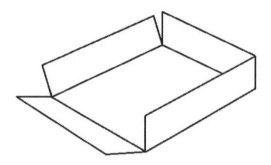

Ja aber. Wir haben einen Karton mit einem gewissen Volumen konstruiert und die Wahrscheinlichkeit, dass wir gleich auf Anhieb einen Karton mit dem maximal möglichen Volumen zurecht geknickt haben, liegt irgendwo im Bereich der Wahrscheinlichkeiten aus dem Lotto. Statt mühselig nun ganze Kartonstapel zu zerschneiden, in der Hoffnung, irgendwann einmal einen Karton mit einem Maximum an Volumen erreicht zu haben, sollten wir lieber anfangen zu rechnen.

Gewiss könnten wir das mühselige Zerschneiden und Zusammenleimen von unzähligen Pappkartons durch das zwar etwas weniger anstrengende aber dennoch mühselige Berechnen von unzähligen Pappkartons ersetzen. Richtig befriedigend wäre das aber auch nicht. Natürlich gehen wir hier einen anderen Weg.

Das Maximum, das es zu ermitteln gilt in diesem Kapitel, ist also das des Volumens unseres Kartons. Und das ist abhängig von der Anordnung der Linien, an der wir die Schere zum Schneiden an unserem Pappquadrat ansetzen. Eine kleine Skizze soll das hier mal verdeutlichen:

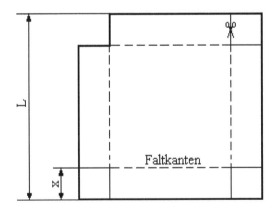

Das x ist mal wieder die große Unbekannte und L ist die Kantenlänge des noch nicht zerschnittenen Kartonstreifens.

Die entsprechende Formel für das Volumen unseres Kartons, also einfach Länge mal Breite mal Höhe, ist ja schnell hingeschrieben:

$V = (L - 2x) \cdot (L - 2x) \cdot x$

und die Klammern zusammengefasst:

$V = (L - 2x)^2 \cdot x$

Und dieses V soll nun bei einem noch zu suchenden x ein Maximum erreichen. Aber bevor wir nun zu unserem elitären, mathematischen Schachzug kommen, müssen wir die Gleichung noch ein bisschen umstellen. Und zwar lösen wir den Klammerausdruck, der da so "im Quadrat" steht, einfach auf. Das ganze sieht danach so aus:

$V = (L^2 - 2 \cdot Lx - 2 \cdot Lx + 4x^2) \cdot x$

bzw.

$V = L^2 \cdot x - 4 \cdot Lx^2 + 4x^3$

und nach x sortiert

$V = 4x^3 - 4 \cdot Lx^2 + L^2 \cdot x$

Um das Verhalten des Volumens V in Abhängigkeit von dem auszuschneidenden Quadrat mit der Kantenlänge x zu sehen, zeichnen wir uns wieder ein Diagramm. Ein Diagramm, das auf der senkrechten Achse das Volumen und auf der waagerechten Achse dieses x darstellt

Ein solches Diagramm ist ja letztendlich nichts anderes, als das Sichtbarmachen der gerade aufgestellten Gleichung für die Volumenberechnung. Jedenfalls sieht unser Diagramm hier so aus:

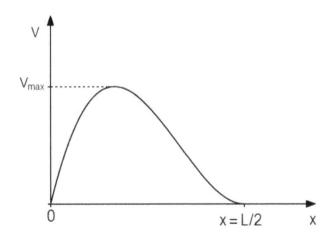

Was können wir daraus erkennen? Nicht nur, dass, wenn wir nichts wegschneiden (x = 0), wir auch kein Volumen bekommen und wenn wir alles wegschneiden (x = L/2), vom Karton nichts übrig bleibt. Wir können auch erkennen, dass das Volumen unseres Kartons auch ein Maximum hat, wenn x irgendwo dazwischen liegt. Leider irgendwo, und nicht etwa auf halber Strecke, wie wir nur allzu gern vermutet hätten.

Aber wo bloß?

Am Scheitelpunkt. Ja, das ist deutlich zu sehen. Und was ist das Besondere am Scheitelpunkt? Da ist die Kurve in einem winzig kleinen Bereich waagerecht. Das gilt übrigens für jedes Maximum jeder Kurve. Und für jedes Minimum, das gibt es auch. Es bedarf schon einer gehörigen Portion Einfallsreichtum, um auf die Idee zu kommen, in dieses Diagramm eine zweite Kurve einzuzeichnen, die zu jedem x-Wert auch die dazugehörige Steilheit, oder um es mathematischer zu formulieren, die dazugehörige Steigung der ersten Kurve anzeigt.

Wozu eigentlich? Und was ist überhaupt mit Steigung gemeint? Nun, eine waagerechte Linie hat eine Steigung von 0, eine senkrechte Linie hat eine Steigung von unendlich und eine Linie, die in einem Winkel von 45° von links unten nach rechts oben ansteigt, hat eine Steigung von 1.

Eine solche zweite Kurve, die für jeden möglichen x-Wert die Steigung der ersten Kurve an diesem x-Wert auf der senkrechten Achse darstellt, hätte z.b. beim Scheitelpunkt der ersten Kurve den Wert 0. Würde also bei dem x-Wert des Scheitelpunktes die x-Achse schneiden. Und diese zweite Kurve hätte z.B. an dem x-Wert, wo die erste Kurve in einem Winkel von 45° ansteigt, den Wert 1 (abzulesen an der senkrechten Achse) und an dem x-Wert, wo die erste Kurve in einem Winkel von 45° schräg nach unten verläuft, den Wert -1 an der senkrechten Achse.

Nun, ein Bild sagt auch hier mehr als 1000 Worte. Warum soll das in der Mathematik anders sein. Hier also unser Diagramm, versehen mit einem Stück einer solchen geheimnisvollen zweiten Kurve, die die Steigung der ersten Kurve darstellen soll:

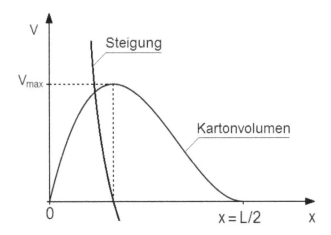

Und jaaa, auch die Kurve der Steigung entspricht schon wieder nicht ganz exakt den reellen Schneid-Gegebenheiten unseres Pappkartons. Die Kurve ist in Wirklichkeit oben und unten nicht einfach so zu Ende, die geht oben und unten noch ein gehöriges Stück weiter. Das kann uns aber im Moment egal sein. Für uns hier ist der gezeichnete Bereich wichtig. Wesentlich ist, dass der Sinn, der sich dahinter verbirgt, deutlich wird: Die Darstellung der Steigung der ersten Kurve.

Die "und was soll das ganze"-Frage kommt jetzt. Das in unserem Beispiel maximale Volumen des Kartons ist ja am Scheitelpunkt der Kurve zu finden. Um den dazugehörigen x-Wert zu finden, könnten wir mit Papier und Bleistift einfach ein Diagramm inkl. Kurve wie das obige zeichnen, Lineal ranhalten und unten an der x-Achse, sofern auch ordentlich eingetragen, den x-Wert ablesen, an dem wir unsere Schere an dem Pappquadrat ansetzen müssten, um unseren Maximalkarton zu falten.

Aber das kann jeder. Und das könnte auch noch ziemlich ungenau werden. Was wir wirklich bräuchten, wäre eine Möglichkeit, die zweite Kurve zu erstellen und zwar nicht auf dem Papier gemalt sondern, weil besser, als mathematische Funktion, auf rein mathematischem Wege. Das machen wir gleich. Diese könnten wir dann Null setzen, machen wir auch gleich, dann nach x auflösen und schon hätten wir ganz genau den x-Wert, wo wir die Schere ansetzen müssten.

Und wie erstellen wir aus so einer beliebigen Funktion auf mathematischem Wege diese besagte zweite Kurve, also die Funktion, die dessen Steigung angibt ? Es gibt in der Mathematik gewisse Regeln, wie wir Funktionen bilden können, die die Steigung der sogenannten Stammfunktion darstellen. Das ganze nennt sich die 1. Ableitung bilden. Wenn die Stammfunktion beispielsweise $y = x^3$ sein soll, dann ist die 1. Ableitung, also die Funktion, die die Steigung von $y = x^3$ angibt $y' = 3x^2$

Und wenn die Stammfunktion $y = 4x^5$ lautet, dann ist die 1. Ableitung $y' = 20x^4$

Das sieht im Moment noch alles ziemlich theoretisch aus, aber wer hier genau hinsieht, der kann vielleicht schon eine erste Ableitungsregel erkennen:

Stammfunktion: $y = a \cdot x^n$

1. Ableitung: $y' = n \cdot a \cdot x^{n-1}$

In Worten heißt das, den Exponent von x vor das x als Faktor zu stellen und den Exponent selbst um eins verringern. Besteht die Stammfunktion aus mehreren Summanden, dann wird jeder einzelne Summand abgeleitet.

Dazu wieder ein Beispiel:

Stammfunktion: $y = 3x^2 + 8x$
1. Ableitung: $y' = 6x + 8$

Und wenn die Stammfunktion

$V = 4x^3 - 4Lx^2 + L^2x$

ist, also die Funktion für die Berechnung des Volumens unseres Pappkartons, dann ist die 1. Ableitung V' dieser Funktion

$V' = 12x^2 - 8Lx + L^2$

die Kurve also, die die Steigung der Volumenberechnungs-Funktion aufzeigt. Wie hieß dieser Riese nochmal?

Wir hatten ja weiter oben festgestellt, dass dort, wo die Steigung der Volumenberechnungsfunktion 0 ist, also dort, wo die Kurve in einem winzig kleinem Stückchen waagerecht verläuft, sich auch der Maximalwert befindet. Und wie ermitteln wir diese Stelle in unserer Kurve mit der Steigung 0? Indem wir in die 1. Ableitung, also in $V' = 12x^2 - 8Lx + L^2$ anstelle von V' eine 0 hinschreiben - das "Null-setzen" eben. Denn, wir suchen ja den Punkt, wo die 1. Ableitung die x-Achse schneidet, und das ist wenn V' gleich 0 ist.

Und das machen wir jetzt:

$0 = 12x^2 - 8Lx + L^2$

Die Frage ist jetzt, wie kriegen wir das x auf eine Seite. Das scheint gar nicht so einfach zu sein. Diejenigen unter uns, die schon mal was von einer "quadratischen Gleichung" gehört haben und es noch nicht vergessen haben, sind jetzt besser dran. Wie lösen wir eine solche quadratische Gleichung?

Vielleicht kommen wir der Sache ein wenig auf die Schliche, wenn wir ein wenig abstrahieren. Beispielsweise ist

$(x - m)^2$

ja soviel wie

$(x - m) \cdot (x - m)$

und das ergibt ausmultipliziert

$x^2 - mx - mx + m^2$

bzw.

$x^2 - 2mx + m^2$

Und das hat doch irgendwie Ähnlichkeit mit

$12x^2 - 8Lx + L^2$

Wir müssen das noch ein wenig umformen und den Faktor vor dem x^2 weg kriegen:

$x^2 - 8/12Lx + L^2/12$

$x^2 - 2/3Lx + L^2/12$

und vollständig wieder notiert:

$0 = x^2 - 2/3Lx + L^2/12$

Zwar kriegen wir damit unser x auch noch nicht allein auf eine Seite, aber wir könnten auf folgenden Gedanken kommen. Aus der Gleichung $x^2 - 2mx + m^2$ ist ja der letzte Summand soviel wie der halbe Summand vor dem x mit sich selbst mal genommen. Wenn wir dieses $(1/3L)^2$ auf beiden Seiten addieren (eine Gleichung bleibt eine Gleichung, solange wir auf beiden Seiten das gleiche tun), sieht diese so aus:

$(1/3L)^2 = x^2 - 2/3Lx + L^2/12 + (1/3L)^2$

Jetzt müssen wir nur noch auf beiden Seiten diese $L^2/12$ abziehen, dann haben wir folgendes:

$(1/3L)^2 - L^2/12 = x^2 - 2/3Lx + (1/3L)^2$

und andersherum hingestellt

$x^2 - 2/3Lx + (1/3L)^2 = (1/3L)^2 - L^2/12$

und siehe da, aus diesen $x^2 - 2/3Lx + (1/3L)^2$ können wir endlich unsere lösbare Klammer formen

$(x - 1/3L)^2 = (1/3L)^2 - L^2/12$

Und jetzt können wir aufatmen und endlich unsere Wurzel ziehen

$\sqrt{(x - 1/3L)^2} = \sqrt{(1/3L)^2 - L^2/12}$

$x - 1/3L = \sqrt{(1/3L)^2 - L^2/12}$

$x = 1/3L + \sqrt{(1/3L)^2 - L^2/12}$

Und das können wir jetzt leicht ausrechnen. Wirklich? Jaaa, weil dieses ganze Zeug, das unter der Wurzel steht, schlimmer aussieht, als es in Wirklichkeit ist. Denn eigentlich haben wir ja unsere Kartonkantenlänge L gleich 1 gesetzt, und daraus folgt dann ganz einfach:

$x = 1/3 + \sqrt{(1/3)^2 - 1/12}$

$x = 1/3 + \sqrt{1/9 - 1/12}$

$x = 1/3 + \sqrt{1/36}$

$x = 1/3 + 1/6$

$x = 1/2$

Wie bitte? Hatten wir vorhin nicht schon festgestellt, dass wenn wir die Hälfte der Kantenlänge wegschneiden, vom Karton nichts übrig bleibt?

Um Himmels Willen, was haben wir falsch gemacht?

Nun, die Wurzel aus z.B. 64 ist ja nicht nur 8. Die Wurzel aus 64 ist sowohl 8 als auch −8. Denn auch −8 mit sich selbst mal genommen ergibt 64. Minus mal minus ergibt plus.

Und nachdem wir nun diese Erkenntnis hier mit berücksichtigt haben, kommt endlich dieses mühsam ausgearbeitetes und richtiges Ergebnis zutage.

x = 1/3 - 1/6

x = 1/6

Wir wissen jetzt, wo wir die Schere ansetzen müssen, damit ein Karton mit einem Maximum an Volumen herauskommt. Ohne Probeschnitte, ohne auch nur ein einziges Kartonstück sinnlos zerschnitten zu haben und ohne endlose Volumenberechnungen durchgeführt zu haben.

Diese Lektion hat sich mit der Differentialrechnung befasst. Mit der Suche nach einer Funktion und dessen Maximalwert. Den haben wir gefunden, nachdem wir die 1. Ableitung gebildet haben, diese Null gesetzt haben und dann nach x aufgelöst haben.

Unzählige Aufgabenstellungen aus Naturwissenschaft und Technik können mit Hilfe der Differentialrechnung gelöst werden. Richtig komplex werden die Dinge, wenn auch noch Winkelfunktionen und Logarithmen in den Funktionen auftauchen...

Die vierte Lektion
Der Rettungsschwimmer

Was macht ein Rettungsschwimmer am Badestrand, wenn irgend so ein Badender im tiefen Wasser nicht mehr klar kommt und lautstark um Hilfe ruft? Nun, wahrscheinlich rennt der sofort und schnurstracks los zum Hilferufenden im Wasser um ihn zu retten. Also genau geradeaus in diese Richtung, dabei erreicht der Rettungsschwimmer irgendwann das Wasser und schwimmt dann mit kräftigen Bewegungen direkt weiter bis zum Ertrinkenden.

Ist das richtig? Ja klar, der soll doch nicht etwa im Zickzack herumlaufen! Das dürfte eine der üblichen Antworten sein. Der soll sich auf den kürzesten Weg zum Ertrinkenden machen und nicht lange rumtüdeln! Aber, wie so oft, wenn die Mehrheit einer Meinung ist, dürfte dies mit hoher Wahrscheinlichkeit falsch sein. Wie war noch das Zitat von Mark Twain?

Nun, natürlich soll der Rettungsschwimmer nicht lange rumtüdeln., aber vielleicht ein wenig nachdenken über die Richtung, in die er läuft. Eine übliche direkte Laufrichtung wäre ja so etwas wie hier in der Skizze dargestellt:

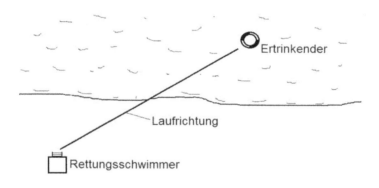

Dem würde auch niemand widersprechen. Na ja, fast. Denn wenn wir hier genau drüber nachdenken, dann müsste uns doch etwas auffallen. Die Grafik ist zwar hübsch anzusehen, und die so schön gerade gezeichnete Linie mit der Laufrichtung zeigt tatsächlich die kürzeste Entfernung vom Hochsitz des Rettungsschwimmers bis zum Ertrinkenden. Also wo ist jetzt das verdammte Problem?

Das Problem ist, wir suchen gar nicht den kürzesten Weg. Für einen Ertrinkenden ist es egal, wie gerade oder krumm ein Retter zu ihm rennt und schwimmt, Hauptsache der ist schnell da! Und genau deswegen suchen wir den schnellsten Weg. Und dieser schnellste Weg sieht nur dann so aus wie eine gerade Linie, wenn der Rettungsschwimmer genau so schnell schwimmen wie laufen kann. Das dürfte aber eher selten der Fall sein.

Nun, Extreme verdeutlichen. Angenommen, der Rettungsschwimmer kann 30 mal so schnell laufen wie schwimmen, wie würde der Weg vom Hochsitz bis zum Ertrinkenden dann aussehen? Etwa auch geradeaus? Nee, denn wenn es schnell gehen soll, macht es durchaus Sinn, die Strecke im Wasser so kurz wie möglich zu halten, auch wenn dadurch die Strecke, die es am Strand zu laufen gilt, etwas länger wird.

D.h. im Klartext, der Rettungsschwimmer wird zunächst so weit wie möglich am Strand entlanglaufen bis kurz vor dem Erreichen der Stelle, wo er – fast schon im rechten Winkel zur Uferlinie – nur noch ein kurzes Stück schwimmen muss, um zum Ertrinkenden zu gelangen.

Aber wo ist diese gottverdammte Stelle? Dazu machen wir uns mal wieder eine vereinfachte Skizze mit den wesentlichen Elementen zur Verdeutlichung:

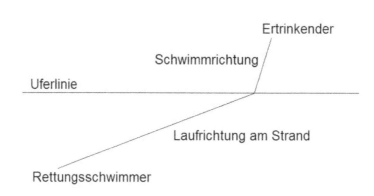

In dieser Skizze haben wir schon mal die beiden Wegstrecken, einmal laufend am Strand und einmal schwimmend im Wasser dargestellt sowie das Ufer als gerade Linie. Zwar wird nicht jeder Rettungsschwimmer nach einem plötzlichem Hilfeschrei ganz in Ruhe zu Papier und Bleistift greifen und anfangen, komplizierte Dreiecke zu zeichnen. Aber wir hier machen das, denn wir haben die Zeit.

Darum machen wir uns auf dem Weg der Abstraktion und versuchen, obige Strandszene noch ein klein wenig – im mathematischem Sinne gesprochen – griffiger zu formulieren.

Und das geht natürlich wunderbar mit unseren manchmal rechtwinkeligen, manchmal schiefwinkeligen Dreiecken. Eine mögliche Idee könnte so aussehen:

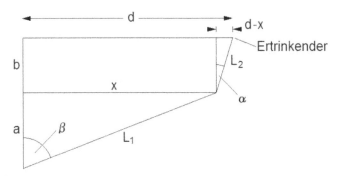

Rettungsschwimmer

Da ist jetzt alles drauf, was wir brauchen, um da mathematisch ranzugehen. Also die beiden Strecken L_1 und L_2, die Winkel, die Positionen vom Rettungsschwimmer und vom Ertrinkenden sowie die Uferlinie, die wir x nennen. Und jetzt? Jetzt halten wir kurz inne und überlegen, was wir da vor uns haben.

Wem das noch nicht aufgefallen ist, wir haben hier vor uns einen von diesen Sachverhalten, bei dem es darum geht, einen Maximal- bzw. Minimalwert zu ermitteln. Wir suchen den schnellsten Weg, den unser Rettungsschwimmer zum Ertrinkenden einnehmen soll. Das Sportliche daran – es ist immer das Gleiche – ist das Aufstellen der Gleichungen aus der verbalen Beschreibung. Dafür haben wir die letzte Skizze erstellt. Jetzt fehlt uns noch das passende Gleichungssystem. Nun, der Gesamtweg L setzt sich zusammen aus

$L = L_1 + L_2$

und da wir ja die Zeit suchen, die es zu minimieren gilt, teilen wir die beiden Abschnitte L_1 und L_2 durch die jeweiligen uns bekannten Geschwindigkeiten, damit erhalten wir nämlich die Zeit t:

$$t = \frac{L_1}{v_1} + \frac{L_2}{v_2}$$

Aber wir haben immer noch genug Unbekannte in dieser Gleichung. Was können wir da machen? Die Unbekannten mit den Größen beschreiben, die wir kennen. Das ist fast immer eine vernünftige Maßnahme, um weiterzukommen. In unserer Skizze sind dies einige von diesen Längen, wie a, b und d. Und da jeder von uns sich wenigstens noch an den Satz des Pythagoras erinnert, können wir damit unsere beiden Abschnitte L_1 und L_2 durch diese bekannten Längen beschreiben. Das wäre auf unsere Skizze übertragen

$L_1^2 = a^2 + x^2$ \qquad bzw. \qquad $L_1 = \sqrt{a^2 + x^2}$

und

$$L_2^2 = b^2 + (d-x)^2 \quad \text{bzw.} \quad L_2 = \sqrt{b^2 + (d-x)^2}$$

und damit wird aus

$$t = \frac{L_1}{v_1} + \frac{L_2}{v_2}$$

das hier

$$t = \frac{\sqrt{a^2 + x^2}}{v_1} + \frac{\sqrt{b^2 + (d-x)^2}}{v_2}$$

Also die Gleichung, in der die Größe, die am kleinsten werden soll, nämlich hier die Zeit t, links steht und all die anderen Variablen inkl. der gesuchten Größe x auf der rechten Seite stehen.

So, und jetzt vollführen wir mit majestätischer Finesse unseren abgehobenen mathematischen Lifehack: Wir machen die erste Ableitung, setzen diese Null und lösen nach x auf. Also, um nun die erste Ableitung aus obiger Formel zu bilden, müssen wir die Kettenregel anwenden. Also sowas wie innere Ableitung mal äußere Ableitung, und das für jeden der beiden Brüche.

Das machen wir für diesen Teil der Gleichung

$$t = \frac{\sqrt{a^2 + x^2}}{v_1}$$

wie folgt: Die innere Ableitung wäre die Ableitung von x^2 und das ergibt genau 2x. Die äußere Ableitung wäre die Ableitung dieser Wurzel

$$\sqrt{a^2 + x^2}$$

das schreiben wir einfach mal etwas anders hin

$$(a^2 + x^2)^{1/2}$$

weil Wurzelziehen können wir auch darstellen, in dem wir den Exponenten durch 2 teilen. Die Ableitung zu bilden heißt auch hier vom Exponenten 1 abziehen und das dann mit dem was in der Klammer steht zu multiplizieren. Das sieht mathematisch ganz einfach so aus:

$$1/2 \cdot (a^2 + x^2)^{-1/2}$$

Und wenn der Exponent negativ ist, heißt das nichts anderes, als dass dieser Teil dann unter dem Bruchstrich wandert:

$$\frac{1}{2 \cdot (a^2 + x^2)^{1/2}}$$

bzw. jetzt wieder hübsch als Wurzel geschrieben

$$\frac{1}{2 \cdot \sqrt{a^2 + x^2}}$$

und jetzt noch die innere mit der äußeren Ableitung mal nehmen und das v_1 wieder dazu schreiben:

$$\frac{2 \cdot x}{2 \cdot v_1 \cdot \sqrt{a^2 + x^2}}$$

die 2 kürzen wir natürlich raus

$$\frac{x}{v_1 \cdot \sqrt{a^2 + x^2}}$$

und fertig ist die Ableitung. Das wäre also der erste Summand aus der Gleichung. Die Ableitung des zweiten Summanden aus unserer Gleichung sieht ähnlich aus, auch da gilt innere mal äußere Ableitung und die Wurzel geschrieben als Klammerausdruck mit dem Exponenten von 1/2.

Machen wir es kurz, die Ableitung des zweiten Summanden sieht so aus:

$$\frac{x - d}{v_2 \cdot \sqrt{b^2 + (d - x)^2}}$$

So jetzt nochmal die komplette 1. Ableitung zusammengefasst:

$$t' = \frac{x}{v_1 \cdot \sqrt{a^2 + x^2}} + \frac{x - d}{v_2 \cdot \sqrt{b^2 + (d - x)^2}}$$

Und da die erste Ableitung einer Funktion uns ja immer die Steigung der Funktion liefert, müssen wir diese 0 setzen, um den x-Wert der niedrigsten (von der Zeit t her der kürzesten) Stelle zu erhalten:

$$0 = \frac{x}{v_1 \cdot \sqrt{a^2 + x^2}} + \frac{x - d}{v_2 \cdot \sqrt{b^2 + (d - x)^2}}$$

Und jetzt müssen wir nur noch nach x auflösen, dann hätten wir die Stelle, wo der Rettungsschwimmer ins Meer laufen muss. Das wäre alles...

Und wer es tatsächlich mal versucht hat, diese Gleichung nach x aufzulösen, wird frustriert festgestellt haben, dass es doch nicht so einfach ist. Das kann passieren, auch in der Mathematik.

Aber vielleicht gibt es noch einen anderen Weg, der uns weiter bringt. Wenn wir uns wieder unsere Skizze vor Augen führen, könnten wir auf die Idee kommen, mit Winkelfunktionen der Sache bei zu kommen. Wenn der Sinus so viel wie Gegenkathete durch Hypotenuse ist, dann gilt auf unsere Skizze übertragen:

$$\sin \alpha = \frac{d - x}{L_2}$$

$$\sin \beta = \frac{x}{L_1}$$

Könnten wir damit etwas anfangen? Nee, immer noch nicht. Da sind noch zu viele Unbekannte drin, wir kennen weder den Winkel α noch den Winkel β und wollen damit das x ausrechnen, das geht also auch nicht. OK, weitersuchen.

Vielleicht gibt es mit dem Cosinus-Satz eine Möglichkeit. Der Cosinus-Satz findet Anwendung in nicht-rechtwinkeligen Dreiecken. Ein solches Dreieck müssen wir uns aber erst skizzieren, dann sehen wir mal, ob wir damit in dieser vertrackten Situation vorankommen.

Zunächst dazu unser neues Dreieck

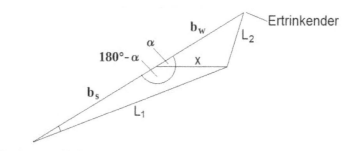

Rettungsschwimmer

In dieser Skizze ist im Prinzip auch alles wesentliche drin, das sieht nur etwas anders aus, weil wir da so ein schiefes Dreieck draus gebastelt haben. Was wir aber auf alle Fälle feststellen können, die Werte b_s und b_w sowie der Winkel α haben wir schon, es fehlen auch wieder x, L_1 und L_2. Also nichts Neues.

Jetzt gibt es nicht nur für rechtwinkelige Dreiecke solche trigonometrischen Funktionen. Wie weiter oben schon angedeutet, die gibt es auch für schiefwinklige Dreiecke. Die bittere Pille dabei: Die sind etwas komplizierter, zumindest der Kosinus-Satz. Und der lautet ganz allgemein für schiefwinklige Dreiecke:

$a^2 = b^2 + c^2 - 2 \cdot a \cdot b \cdot \cos \alpha$

Auf unser schiefes Dreieck übertragen, können wir zwei Stück Kosinus-Sätze aufschreiben, die lauten für das untere große Dreieck:

$L_1^2 = b_s^2 + x^2 - 2 \cdot b_s \cdot x \cdot \cos(180 - α)$

und da $\cos(180 - α) = -\cos α$ ist, ist auch

$L_1^2 = b_s^2 + x^2 + 2 \cdot b_s \cdot x \cdot \cos α$

und für das obere kleine Dreieck:

$L_2^2 = b_w^2 + x^2 - 2 \cdot b_w \cdot x \cdot \cos α$

Wobei natürlich immer noch gilt, dass wir den schnellsten Weg für den Rettungsschwimmer suchen. Also da, wo die Dauer für das Ablaufen bzw. Abschwimmen der beiden Wegstrecken L_1 und L_2 zusammen genommen am kürzesten ist. Etwas mathematischer formuliert: Da wo die Gesamtzeit t_{ges} am niedrigsten ist. D.h. wir müssen beide Wegstrecken, durch die jeweilige Geschwindigkeit v_1 bzw. v_2 teilen und dann beide Terme addieren, das sieht zunächst mathematisch so aus:

$$t_{ges} = \frac{L_1}{v_1} + \frac{L_2}{v_2}$$

und die jeweiligen Beschreibungen für L_1 und L_2 eingesetzt

$$t_{ges} = \frac{\sqrt{b_s^2 + x^2 + 2 \cdot b_s \cdot x \cdot \cos \alpha}}{v_1} + \frac{\sqrt{b_w^2 + x^2 - 2 \cdot b_w \cdot x \cdot \cos \alpha}}{v_2}$$

Zwar nicht gerade einfach, aber zumindest haben wir jetzt eine Formel vor uns, wo auf der linken Seite wieder das steht, was wir minimieren wollen und auf der rechten Seite die entsprechende unbekannte, nämlich unser x. Das dicke Ende kommt aber noch. Jetzt müssen wir - in gekonnter Manier - die 1. Ableitung bilden

$$t_{ges}' = \frac{x + b_s \cos \alpha}{v_1 \cdot \sqrt{b_s^2 + 2 b_s x \cos \alpha + x^2}} + \frac{x - b_w \cos \alpha}{v_2 \cdot \sqrt{b_w^2 - 2 b_w x \cos \alpha + x^2}}$$

diese Null setzen

$$0 = \frac{x + b_s \cos \alpha}{v_1 \cdot \sqrt{b_s^2 + 2 b_s x \cos \alpha + x^2}} + \frac{x - b_w \cos \alpha}{v_2 \cdot \sqrt{b_w^2 - 2 b_w x \cos \alpha + x^2}}$$

und einfach nach x auflösen (Gelächter) ...

Leichter gesagt als getan, denn das geht auch nicht! Schon wieder haben wir keine Lösung gefunden und dem Rettungsschwimmer wird die Zeit langsam knapp. Auf jeden Fall macht es wenig Sinn, wenn die Zeit zur Ermittlung des schnellsten Weges länger ist, als die Zeit, die wir einsparen, wenn wir den schnellsten Weg nehmen.

Na gut, wir müssen doch noch mal unseren mathematischen Werkzeugkasten durchsuchen. Wäre doch gelacht, wenn wir da nichts Brauchbares finden. Und siehe da, dank Newton, der, so scheint es, auch mal Rettungsschwimmer gewesen sein muss und dadurch solche Probleme schon lange vor uns lösen musste, haben wir vielleicht doch noch eine Möglichkeit, diese knifflige Sache in den Griff zu kriegen. Dieses sogenannte Newton-Verfahren sieht mathematisch so aus:

$$x_2 = x_1 - \frac{f(x_1)}{f'(x_1)}$$

Was verbirgt sich da nun wieder hinter? Folgendes: Zunächst einmal stellen wir die Gleichung, die als unlösbar erscheint, so um, dass links das f(x) steht und rechts die ganze Gleichung. In unserem Falle hatten wir das weiter oben ja schon gemacht:

$$f(x) = \frac{x + b_s \cos \alpha}{v_1 \cdot \sqrt{b_s^2 + 2 b_s x \cos \alpha + x^2}} + \frac{x - b_w \cos \alpha}{v_2 \cdot \sqrt{b_w^2 - 2 b_w x \cos \alpha + x^2}}$$

Dann bilden wir die erste Ableitung dieser Gleichung. Jaaa, zugegeben, das ist auch nicht ganz so einfach mit dieser Quotientenregel und den ganzen anderen mathematischen Tricksereien, die man da so anwenden muss. Jedenfalls sieht die erste Ableitung jetzt so aus:

$$f'(x) = -\frac{b_s^2 \cdot (\cos^2 \alpha - 1)}{v_1 \cdot (b_s^2 - 2 b_s x \cos \alpha + x^2)^{3/2}} - \frac{b_w^2 \cdot (\cos^2 \alpha - 1)}{v_2 \cdot (b_w^2 + 2 b_w x \cos \alpha + x^2)^{3/2}}$$

Dann schätzen wir einfach einen möglichen Nullstellen-Wert für x_1 und setzen diesen in die Gleichung und in die erste Ableitung ein. Dann teilen wir diese beiden Werte und ziehen das Ergebnis von x_1 ab. Dieses Ergebnis, also das x_2 stecken wir wieder in die Gleichung und in die erste Ableitung, dann teilen wir wieder beides und ziehen das wiederum von x_2 ab. Das machen wir ein paar mal und nähern uns dadurch schrittweise einem x-Wert, bei dem das Newton-Verfahren fast zu Null wird. Fast Null und nicht ganz genau Null deswegen, weil das Newton-Verfahren ein Näherungsverfahren ist.

Und damit wir mit der Gleichung und ihrer ersten Ableitung überhaupt richtige Werte ausrechnen können - und das müssen wir jetzt auch langsam - werden wir einfach mal ein paar Längen und Geschwindigkeiten festlegen.

Dazu diese modifizierte Skizze:

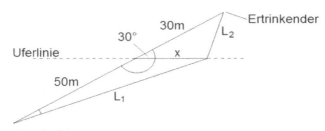

Die Geschwindigkeit des Rettungsschwimmers beim Laufen über den Sandstrand soll mal bei 10 m/s liegen, die beim Schwimmen durch das Wasser sei mal mit 0,5 m/s angenommen. Jetzt erstellen wir uns eine Tabelle, in der wir den ersten angenommenen Wert für x eintragen, dann die Ergebnisse der Funktion f(x) und der ersten Ableitung f '(x), wenn wir für das x jeweils den angenommenen Wert einsetzen. Das Ergebnis dieser Berechnung durch das Newton-Verfahren ist dann das nächste x. Hier also die Werte nochmal zusammengefasst:

b_s = 50 m
b_w = 30 m
α = 30°
v_1 = 10 m/s
v_2 = 0,5 m/s
x = 15 m (die Annahme für den ersten x-Wert)

Und hier die Tabelle mit 10 Schritten:

Nr.	x_n	f(x)	f'(x)	$x_n - f(x)/f'(x)$
1	15,0000	0,7024	0,1106	8,6494
2	8,6494	0,3003	0,1445	6,5707
3	6,5707	0,1586	0,1555	5,5504
4	5,5504	0,0882	0,1606	5,0014
5	5,0014	0,0501	0,1633	4,6942
6	4,6942	0,0289	0,1647	4,5190
7	4,5190	0,0167	0,1655	4,4181
8	4,4181	0,0097	0,1660	4,3596
9	4,3596	0,0057	0,1663	4,3255
10	4,3255	0,0033	0,1664	

Klar zu erkennen ist wo es hingeht, bei 4,2780 ist übrigens Schluss. D.h. der Rettungsschwimmer muss, wie in dieser Skizze dargestellt, vom Schnittpunkt aus gesehen etwa 4,3 m weiter laufen:

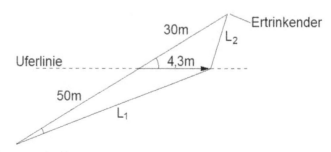

Was für ein bitteres Fazit können wir aus dieser Lektion ziehen? Mathematik kann manchmal vielleicht Leben retten. Aber nur, wenn wir rechtzeitig damit anfangen und bis zum mühseligen Ergebnis hartnäckig an der Sache dran bleiben und uns durch Niederlagen nicht abschrecken lassen. Hinfallen ist keine Schande...

Jedoch, wenn der Rettungsschwimmer mit dieser ganzen komplizierten Prozedur erst dann anfängt, wenn der Ertrinkende lauthals nach Hilfe schreit, ja dann wäre es wirklich besser, gleich loszulaufen und den direkten, länger dauernden Weg zu wählen.

Die fünfte Lektion
Die Leiter rutscht weg

Nicht jeder, der an Hauswänden arbeitet und sich eine ganz normale Leiter an die Fassade stellt, wird versuchen, einen anstrengenden mathematischen Weg zu durchschreiten, nur um die Leiter in eine optimale Position zu bringen. Dies scheitert schon allein daran, dass auch hier die vier Grundrechenarten zwar hilfreich, aber bei weitem nicht ausreichend sind.

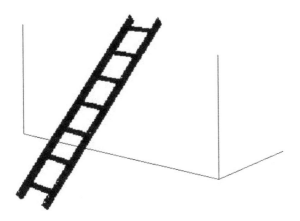

Aber genau das wollen wir hier anders machen.

Und, wie fangen wir damit an? Wie immer, mit einer Skizze, in der wir versuchen, die wesentlichen Elemente, die uns weiterhelfen, darzustellen und alles andere weglassen:

Verdammt wenig ist da übriggeblieben, aber mehr Dinge brauchen wir nicht. Außer vielleicht die Schwerkraft, und davon auch nur die Richtung. Denn, wer auf dem Mond gerne an Fassaden arbeitet, muss auch da die Leiter, damit die nicht wegrutscht, genau so aufstellen. Jetzt brauchen wir in dieser Skizze nur noch die jeweiligen Größen und Winkel einzutragen, damit wir dann zu unserer akademischen Inszenierung der Formelaufstellung wechseln können.

Hier also die mathematisierte Wirklichkeit mit den Seiten L für die Leiter, W für die Wand, B für den Boden und α für den Winkel unserer Leiter:

Aber anders als in der vierten Lektion, also die mit dem Rettungsschwimmer, sind hier auch noch diverse Kräfte am Werk. Das macht die Sache noch etwas komplizierter. Wie sehen diese Kräfte aus? Nun, wir müssen hier zunächst einen kleinen Exkurs in die Mechanik, die Lehre von den Kräften, wagen. Denn daraus ergibt sich die Geometrie der Kräfte, die uns wiederum erlaubt, auf mathematischen Wege - wenn auch langsam - weiter voranschreiten zu können.

D.h. wir tragen alle auftretenden Kräfte in unsere kleine Skizze ein. Welche sind das? Das Gewicht von der Leiter und desjenigen, der da drauf steht wäre schon mal F_G die Gewichtskraft, dann die beiden Gegenkräfte, die auf die beiden Enden der Leiter einwirken.

In einer Skizze könnte das schon mal so aussehen:

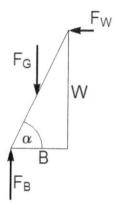

Und solange die Leiter ziemlich senkrecht steht, also so wie jetzt, dann hat das auch alles den Anschein, als wären die Kräfte richtig eingezeichnet und die Leiter ziemlich sicher so stehen bleibt und nicht wegrutscht.

Aber da beginnen auch schon die Schwierigkeiten mit der Realität. Denn, wenn wir die Leiter, wie in der nächsten Skizze dargestellt, hinstellen und wir anfangen, nach oben zu laufen, dann sind wir schon eher geneigt zu glauben, dass die Leiter irgendwann plötzlich und schnell nach unten weg rutscht und flach auf dem Boden knallt:

Aber warum ist das so? Das hängt vom Reibungswert μ bzw. μ_0 ab. Je kleiner der ist, desto rutschiger ist die ganze Angelegenheit. Wobei μ der Reibungswert ist, wenn zwei Oberflächen bereits gleiten, während μ_0 der Reibungswert ist, der erst überwunden werden muss, damit etwas zu gleiten beginnt. Dieser μ_0 wird daher auch Haftreibungswert genannt und ist natürlich immer größer als der normale (schon gleitende...) Reibungswert μ. Nachfolgend mal ein paar Beispiele für solche Reibungswerte für einen trockenen Zustand:

	μ_0	μ
Reifen auf Asphalt	0,55	0,3
Eiche auf Eiche	0,54	0,32
Stahl auf Stahl	0,15	0,12
Stahl auf Eis	0,027	0,014

Diese Werte variieren natürlich stark je nach Rauigkeit, Verschmutzung, usw.

Der besonders niedrige Reibungswert µ bei Stahl auf Eis macht ja Schlittschuhlaufen erst möglich. Aber wie sind diese Werte zu interpretieren? Nun, wenn wir beispielsweise einen Eichenklotz, der 5 kg wiegt, auf einem Eichentisch verschieben wollen, also Eiche auf Eiche, dann müssten wir mit einer Kraft F drücken, die der Gewichtskraft F_G des Eichenklotzes mal genommen mit diesem Reibungswert entspricht. Die Berechnung der Kraft (in der mathematischen Klarheit...) für das Anschieben sieht dann so aus:

$F_0 = F_G \cdot \mu_0$

Und für das Schieben, also wenn die Sache schon in Bewegung ist

$F = F_G \cdot \mu$

Also eigentlich gar nicht so schwer. Und da wir ja untersuchen wollen, wann die Leiter beim Besteigen anfängt wegzurutschen, interessiert uns zunächst auch nur der Fall mit dem Haftreibungswert, also die Berechnung mit μ_0. Wir wollen daher mal versuchen, in einer weiteren Skizze auch diese Reibungskräfte unterzubringen. Wenn wir es genauer formulieren wollten, dann müssten wir von den Kräften, die auf Grund der Haftreibung wirken, sprechen.

Hier also unsere neue Skizze, diesmal mit diesen parallel zur Oberfläche wirkenden Reibungskräfte F_{WR} und F_{BR}:

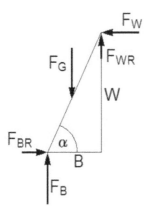

Und da wir vorhin gelernt haben, wie Reibungskräfte berechnet werden, hier schon mal die für die Kräfte in unserer Skizze angepassten Formeln:

$F_{WR} = F_W \cdot \mu_0$

und

$F_{BR} = F_B \cdot \mu_0$

Das μ_0 soll mal gleich sein, egal ob wir die Haftreibung der Leiter auf dem Boden oder an der Wand betrachten.

Jetzt müssen wir uns noch überlegen, wie wir mit dem Rest umgehen. Dazu einige Überlegungen aus der Mechanik. Die Summe aller Kräfte in x-Richtung, pardon, in waagerechter Richtung, muss 0 ergeben. Ebenso muss die Summe aller Kräfte in senkrechter Richtung 0 ergeben. Denn wenn nicht, fängt die Leiter an zu fliegen oder rutscht zur Seite weg. Also, mathematisch korrekt mit diesen Summenzeichen Σ sieht das dann so aus:

$$\Sigma F_{\text{waagerecht}} = F_{BR} - F_W$$

$$\Sigma F_{\text{senkrecht}} = F_B + F_{WR} - F_G$$

Bei der Summe aller Drehmomente müssen wir uns noch auf den Drehpunkt einigen. Wir wählen sinnigerweise den Punkt links unten aus, also da, wo die Leiter auf dem Boden drückt.

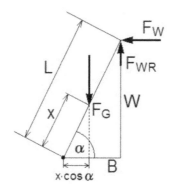

Dadurch fallen bei der Betrachtung auch die Kräfte F_B und F_{BR} weg. Und alles, was sich entgegen dem Uhrzeigersinn dreht, dreht sich in die mathematisch positive Richtung, das ist auch so üblich. Und genauso wie es sich mit den Kräften verhält, nämlich dass die jeweiligen Summen 0 ergeben müssen, verhält es sich auch mit den Drehmomenten. Die müssen auch in Summe immer 0 ergeben, denn sonst fängt die Leiter an, sich bis zum Sanktnimmerleinstag zu drehen. Und damit sieht die Gleichung mit den Drehmomenten so aus:

$\sum M_d = F_W \cdot W + F_{WR} \cdot B - F_G \cdot x \cdot \cos \alpha$

Und wenn wir für die Unbekannten W und B auch noch die jeweiligen Winkelfunktionen und die uns bekannte Länge der Leiter L einsetzen, dann sieht das Ganze zwar noch komplexer aus, aber dafür ist die Anzahl an Unbekannten kleiner geworden:

$\sum M_d = F_W \cdot L \cdot \sin \alpha + F_{WR} \cdot L \cdot \cos \alpha - F_G \cdot x \cdot \cos \alpha$

Für die jeweiligen Reibungskräfte hatten wir ja weiter oben schon die Zusammenhänge notiert:

$F_{WR} = F_W \cdot \mu_0$

und

$F_{BR} = F_B \cdot \mu_0$

Jetzt müssen wir anfangen, das eine durch das andere zu ersetzen, um so zu einer Lösung für dieses x, also das Maß, wie hoch wir auf die Leiter steigen dürfen, zu gelangen. Im Klartext heißt das, wir benötigen Umschreibungen der einzelnen unbekannten Kräfte, die in dieser Drehmomenten-Summen-Gleichung stecken. Wir suchen also Umschreibungen für die beiden Kräfte F_W und F_{WR}.

Über das Kräftegleichgewicht hatten wir ja schon weiter oben die beiden horizontalen Kräfte gleichgesetzt

$F_W = F_{BR}$

und mit

$F_{BR} = F_B \cdot \mu_0$

wird daraus

$F_W = F_B \cdot \mu_0$

das setzen wir einfach in die Gleichung für F_{WR} ein

$F_{WR} = F_B \cdot \mu_0 \cdot \mu_0$

Wenn wir jetzt nochmal unsere Gleichung mit den senkrechten Kräften, die in Summe 0 ergeben muss, in Erinnerung rufen:

$0 = F_B + F_{WR} - F_G$

und da den entsprechenden Ersatz für die Wandreibungskraft

einsetzen, können wir schreiben:

$0 = F_B + F_B \cdot \mu_0 \cdot \mu_0 - F_G$

bzw.

$0 = F_B + F_B \cdot \mu_0^2 - F_G$

und jetzt zusammengefasst und umgestellt, dann können wir für F_B schon mal folgendes hinschreiben

$$F_B = \frac{F_G}{1 + \mu_0^2}$$

und damit

$$F_W = \frac{F_G \cdot \mu_0}{1 + \mu_0^2}$$

das hätten wir schon mal. Und aus

$F_{WR} = F_W \cdot \mu_0$

machen wir

$$F_{WR} = \frac{F_G \cdot \mu_0^2}{1 + \mu_0^2}$$

Jetzt können wir sämtliche unbekannten Kräfte aus der Drehmomenten-Gleichung ersetzen durch bekannte Größen.

D.h. aus

$\Sigma M_d = F_W \cdot L \cdot \sin \alpha + F_{WR} \cdot L \cdot \cos \alpha - F_G \cdot x \cdot \cos \alpha$

machen wir zunächst

$0 = F_W \cdot L \cdot \sin \alpha + F_{WR} \cdot L \cdot \cos \alpha - F_G \cdot x \cdot \cos \alpha$

Denn, wie vorhin schon angedeutet, die Summe der Drehmomente muss 0 ergeben, sonst fängt die Leiter an zu drehen. In diesem Gleichungsdickicht müssen wir nur sehen, dass wir einen klaren Kopf behalten. Das kriegen wir hin, in dem wir stur das Eine durch das Andere ersetzen, d.h. für F_W und F_{WR} schreiben wir einfach die oberen Formulierungen hin, und damit sieht unsere Gleichung so aus:

$$0 = \frac{F_G \cdot \mu_0}{1 + \mu_0^2} \cdot L \cdot \sin \alpha + \frac{F_G \cdot \mu_0^2}{1 + \mu_0^2} \cdot L \cdot \cos \alpha - F_G \cdot x \cdot \cos \alpha$$

Was können wir an dieser Gleichung feststellen? die Gewichtskraft F_G können wir raus kürzen. Es ist also egal, wie schwer oder leicht derjenige ist, der auf die Leiter steigt. Und diese Erkenntnis haben wir nicht etwa durch schmerzhafte Versuche erfahren müssen, sondern auf mathematischem Wege sorgfältig ermittelt:

$$0 = \frac{\mu_0}{1 + \mu_0^2} \cdot L \cdot \sin \alpha + \frac{\mu_0^2}{1 + \mu_0^2} \cdot L \cdot \cos \alpha - x \cdot \cos \alpha$$

Wir sind jetzt schon auf der Zielgeraden. Was müssen wir nur noch machen? Die Gleichung nach x umstellen:

$$x = \frac{\mu_0 \cdot L \cdot \sin\alpha + \mu_0^2 \cdot L \cdot \cos\alpha}{(1 + \mu_0^2) \cdot \cos\alpha}$$

Fertig! Das nächste mal, wenn wir eine Leiter aufstellen, wissen wir Bescheid.

Haaalt! Wir sind noch nicht ganz fertig, bzw. das kommt drauf an, ob wir noch etwas wissen wollen. Nämlich wenn wir uns ganz oben auf die Leiter stellen wollen, wie schräg wir die Leiter dann maximal aufstellen können, ohne das diese wegrutscht. Was heisst das mathematisch? Wenn $x = L$ ist. Und dann sieht unsere Gleichung so aus, nachdem wir das L überall rausgekürzt haben:

$$1 = \frac{\mu_0 \cdot \sin\alpha + \mu_0^2 \cdot \cos\alpha}{(1 + \mu_0^2) \cdot \cos\alpha}$$

Den Nenner unterm Bruchstrich rüber zur anderen Seite

$$(1 + \mu_0^2) \cdot \cos\alpha = \mu_0 \cdot \sin\alpha + \mu_0^2 \cdot \cos\alpha$$

Beiden Seiten durch $\cos\alpha$ teilen

$$(1 + \mu_0^2) = \mu_0 \cdot \sin\alpha / \cos\alpha + \mu_0^2$$

Und manchmal hilft es, sich zu erinnern, dass $\sin\alpha / \cos\alpha$ verdammt danach aussieht, als könnten wir das auch noch ersetzen. Und zwar

$\sin\alpha / \cos\alpha = \tan\alpha$

so dass wir schreiben können

$(1 + \mu_0^2) = \mu_0 \cdot \tan\alpha + \mu_0^2$

die Klammer können wir weglassen

$1 + \mu_0^2 = \mu_0 \cdot \tan\alpha + \mu_0^2$

Jetzt fliegt dieses μ_0^2 aus der Gleichung raus, übrig bleibt

$1 = \mu_0 \cdot \tan\alpha$

$1/\mu_0 = \tan\alpha$

$\alpha = \arctan(1/\mu_0)$

Na, wenn das mal keine Überraschung ist...

Die sechste Lektion
Sirenen im Weltall

Worum geht es hier? Um einen Effekt, der zwar - zunächst - deutlich hörbar ist, wir uns aber über die tatsächliche Ursache dazu nicht weiter Gedanken machen. Nämlich wenn ein Auto oder Motorrad mit einem deutlichem Klang an uns vorbeirauscht. Was passiert da mit der Tonlage des Geräusches? Die Tonlage ändert sich beim Vorbeifahren, sie sinkt plötzlich. Wer an der Autobahnraststätte auf die vorbeifahrenden Autos schaut und genau zuhört, wird dies auch bemerken.

Um einer Sache auf die Schliche zu kommen, bedarf es zunächst neugierige und skeptische Zeitgeister. Also solche, die irgendwelche Phänomene auch mal hinterfragen und nicht allem immer nur zustimmen. Die Frage ist nun, warum ändert sich der Ton so komisch und können wir mit unseren mathematischen Werkzeugen aus dieser Tonänderung möglicherweise sogar die Geschwindigkeit ermitteln? Und vielleicht außerirdische Zivilisationen finden?

Wenn die Quelle für einen gleichbleibenden Ton still steht so wie das Klavier im Wohnzimmer und wir selbst uns auch nicht bewegen, dann hören wir den erzeugten Ton so wie er ist. Töne sind Luftschwingungen, die sich ähnlich wie Wellen auf dem Wasser mit einer bestimmten Geschwindigkeit ausbreiten.

Wenn wir uns jetzt vorstellen, wir befinden uns auf einem Boot, das vor Anker liegt, also sozusagen still steht, dann treffen die Wellen auf dem Wasser mit einer bestimmten Frequenz auf das Boot. Dieses schwingt dann im Gleichtakt mit den Wellen auf dem Wasser auf und ab. Setzt sich das Boot gegen die Wellenfront in Bewegung, wird es schneller auf und ab schwingen. Fährt es "von den Wellen weg", schwingt es langsamer auf und ab. Irgendwann, wenn das Boot nur schnell genug fährt, erreicht es die Geschwindigkeit der Wellen. Dann schwingt das Boot nicht mehr, es "reitet" auf einer Welle. Das zunächst als anschaulicher Vergleich.

In der Luft unter atmosphärischen Bedingungen liegt diese sogenannte Schallgeschwindigkeit bei etwa 340 m/s. D.h. wenn es irgendwo einen heftigen Knall gibt, dann wandert die daraus resultierende Druckwelle mit dieser Geschwindigkeit durch die Luft. Ein gutes Beispiel finden wir bei einem Gewitter. Wir sehen den Blitz in der Ferne aufleuchten und hören - je nach Entfernung - erst nach einigen Sekunden den Donner.

Wenn wir uns nun einen typischen Automotor vorstellen, dann gibt es auch da zwar nicht so gewaltige aber dafür in sehr schneller Abfolge zu hörende kleine Donner. Ganz kurz, aber dafür sehr oft, nämlich mehrere Male in der Sekunde. Ein üblicher Achtzylinder-Viertakt-Reihenmotor schafft bei 3000 Umdrehungen in der Minute so etwa 200 Detonationen pro

Sekunde im inneren des Motors. Diese sind außen gut hörbar und breiten sich kugelförmig aus wie auf dieser Skizze hier:

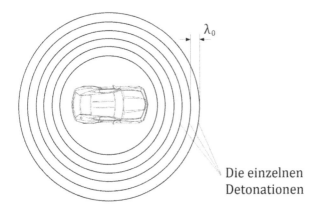

Die einzelnen Detonationen

Dieses λ_0 steht für die Wellenlänge, das ist der Abstand zwischen zwei Wellenspitzen, also zwischen zwei Detonationen. Wir können dieses λ_0 mit folgender Formel berechnen:

$$\lambda_0 = \frac{c}{f_0}$$

Mit c als die Schallgeschwindigkeit und f_0 als die Frequenz, d.h. die Anzahl der Detonationen pro Sekunde. Diese kleine 0 bei λ und bei f soll zeigen, dass das die Werte bei stehendem Auto sind. Jedenfalls folgt daraus mit unseren oben angenommenen

Werten für die Wellenlänge

$$\lambda_0 = \frac{340}{200}$$

die Sekunden kürzen sich raus und es bleiben:

$\lambda_0 = 1{,}7$ m

Was passiert nun, wenn sich das Auto bewegt? Und zwar, wenn dieses auf uns zukommt mit einer Geschwindigkeit von sagen wir mal 20 m/s? Hören wir immer noch diese 200 Detonationen pro Sekunde? Die ja, aber in dieser Sekunde kommen noch einige dazu. Dazu erst mal wieder eine Skizze:

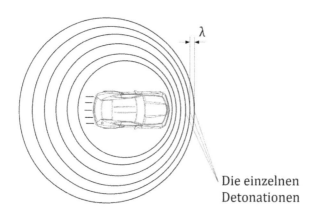

Die einzelnen Detonationen

Und wie kriegen wir jetzt raus, wie viele von diesen Detonationen wir vor unserem Auto, dass sich auf uns zubewegt, so pro Sekunde hören? Durch folgende Überlegung: Genau so wie sich mit der Schallgeschwindigkeit c und die Frequenz f_0 die Wellenlänge λ_0 berechnen lässt, lässt sich auch die Frequenz, also den Ton den wir hören, mit der Schallgeschwindigkeit und der Wellenlänge berechnen. Jaaa, wir haben einfach die Formel nach f umgestellt:

$$f_0 = \frac{c}{\lambda_0}$$

Jetzt machen wir folgendes, das sich auf uns zu bewegende Auto hat die Frequenz 200 Detonationen pro Sekunde, oder anders ausgedrückt eine Detonation alle 5 Tausendstel Sekunden. Das schreiben wir mal richtig auf:

$$f_0 = \frac{1}{T_0}$$

D.h. die Zeit T_0 entspricht genau 0,005 Sekunden. Und in diesen 0,005 Sekunden ist das Auto auch ein Stück auf uns zugefahren, und zwar um die Strecke $v \cdot T_0$ und daraus folgt, dass die dadurch verkürzte Wellenlänge nicht λ_0 ist sondern $\lambda_0 - v \cdot T_0$ bzw. $\lambda_0 - v/f_0$

Das sieht mathematisch so aus:

$\lambda = \lambda_0 - v \cdot T_0$

$\lambda = \lambda_0 - v/f_0$

Aber, da uns die Wellenlänge ja eigentlich gar nicht interessiert, sondern die Frequenz, denn das ist ja das, was wir hören, lösen wir das ganze nach dieser Frequenz auf. Für die Wellenlänge können wir auch schreiben:

$$\lambda_0 = \frac{c}{f_0} \quad \text{bzw.} \quad \lambda = \frac{c}{f}$$

so dass

$$\frac{c}{f} = \frac{c}{f_0} - \frac{v}{f_0}$$

und wenn wir das nach der Frequenz f umstellen, die wir tatsächlich hören:

$$f = \frac{c \cdot f_0}{c - v}$$

f = 212,5 Hz   fertig!

Aber nur eigentlich fertig. Zwar können wir jetzt, sofern wir Geschwindigkeit und Frequenz bei Stillstand eines Autos kennen, die Frequenz, also die Tonhöhe, berechnen, die wir hören, wenn sich dieses Auto uns nähert. Und wir können sogar den Spieß umdrehen, also die Formel zur Berechnung der Tonhöhe so umstellen, dass wir damit auch die Geschwindigkeit berechnen können, mit der sich uns etwas nähert, sofern wir dessen Tonhöhe kennen. So ähnlich arbeiten ja auch Radarfallen :^(

Aber deswegen nur eigentlich fertig, weil dieses Prinzip, das wir uns bis hierher erarbeitet haben, nicht notwendigerweise nur bei Schallwellen zu gebrauchen ist. Dies ist ein allgemeines Prinzip für bewegte Schallquellen. Und auch für bewegte Lichtquellen.

Denn da war doch noch dieses komische Wort "Weltall" im Titel dieser Lektion. Was hat das zu bedeuten? Im Weltall gibt es keine Luft, die schwingen kann, daher ist es im Weltall ganz leise. Man hört wirklich nichts, auch keine Sirenen und schon gar keine Autos, die sich nähern. Aber, es gibt da nämlich so allerlei elektromagnetische Wellen, also sichtbares Licht, Infrarot- und Röntgenstrahlen, Radiowellen, UV-Licht usw., die können völlig ungestört im Weltall so in der Gegend herum strahlen.

Und da dies auch nur Wellen sind, können wir obiges Prinzip genauso anwenden. Zwar nicht auf Autos, aber auf Sterne und Planeten und sogar auf ganze Galaxien. Damit können wir ermitteln, ob sich Objekte im Weltall uns nähern oder von uns entfernen. Oder so komisch herumeiern wie der Hammerwerfer, der sich mit seinem Gewicht um einen gemeinsamen Schwerpunkt dreht.

Wenn wir aber wissen wollen, wie schnell sich uns beispielsweise ein Stern nähert, dann brauchen wir im übertragenen Sinne seine "Tonhöhe", in diesem Fall sein eigenes elektromagnetisches Frequenzspektrum. Gibt es sowas? Ja, das gibt es. Für normale Sterne wie z.B. die Sonne gibt es ein ganz bestimmtes elektromagnetisches Frequenzspektrum. Sozusagen der "Klang" der Sonne.

In diesem charakteristischem Frequenzspektrum der Sonne finden sich gewisse Stellen, in denen es "dunkel" ist. Diese dunklen Stellen nennen sich Absorptionslinien und stammen von unterschiedlichen Gasen, die sich in der Sonnenatmosphäre befinden. Diese Gase absorbieren jeweils Strahlung von ganz bestimmter Wellenlänge.

Und an der Wellenlänge dieser dunklen Stellen erkennt man die Art des Gases, also welches chemische Element, sich da als Schattenbringer erkenntlich zeigt. Wasserstoff hat z.B. unter anderem einige dieser Absorptionslinien im sichtbaren Bereich des Lichtes, die sogenannte Balmer-Serie. Diese liegen im Bereich folgender Wellenlängen:

486,11 nm
434,05 nm
410,17 nm
397,00 nm

Das liegt alles im violett-blauen Bereich des sichtbaren Lichtes.

Zwar haben wir jetzt einen interessanten Einblick in die Physik der Absorptionslinien gewagt, wir wissen aber noch nicht, wie uns dieses Thema helfen kann. Nun, es sind genau diese Linien, die uns helfen, denn wenn sich ein Frequenzspektrum ohne Linien verschiebt, dann ändert sich nichts, da sehen wir auch nichts. Kommt uns aber ein Stern mit oben genannten Wasserstoffabsorptionslinien näher, dann verschieben sich diese Linien, sie sind nicht mehr bei den oben genannten Wellenlängen. Die Wellenlängen dieser Linien verkürzen sich!

Angenommen, wie beobachten ein Stern ähnlich unserer Sonne, bei dem die Absorptionslinien der Balmer-Serie alle eine minimal verkürzte Wellenlänge aufweisen, Physiker nennen das "blauverschoben". Also so etwas wie das folgende z.B.:

486,080 nm
434,023 nm
410,145 nm
396,975 nm

D.h. der Stern kommt auf uns zugeflogen, aber mit welcher Geschwindigkeit? Zunächst einmal ist ja unsere Formulierung für eine sich ergebene Frequenz bei Bewegung auf uns zu nach wie vor gültig:

$$f = \frac{c \cdot f_0}{c - v}$$

jetzt müssen wir nur noch die Frequenz

$$f_0 = \frac{c}{\lambda_0} \quad \text{bzw.} \quad f = \frac{c}{\lambda}$$

ersetzen durch die Formulierung für die Wellenlänge, da wir im Weltall bei den elektromagnetischen Spektren üblicherweise auch eher mit Wellenlängen herumhantieren, so dass nach entsprechendem Einsetzen der obigen Formulierungen wir folgendes erhalten:

$$\lambda = \frac{\lambda_0 \cdot (c - v)}{c}$$

Wobei das λ_0 die Wellenlänge bei Stillstand ist und λ die Wellenlänge bei Bewegung sein soll. Was fehlt uns jetzt? Wir haben die beiden λ und λ_0 und suchen das v. Das c haben wir auch schon, dass ist nämlich im Falle der Gestirne nicht die

Schallgeschwindigkeit sondern die Lichtgeschwindigkeit, und die liegt bei 299.245,8 km/s. Also, die Formel mal eben kurz nach v umgestellt, das sieht dann so aus:

$$v = c - \frac{\lambda \cdot c}{\lambda_0}$$

oder ein klein wenig eleganter

$$v = c \cdot \left(1 - \frac{\lambda}{\lambda_0}\right)$$

Und jetzt nur noch mal eben die Werte für die Wellenlängen eingesetzt und voilà, wir erhalten für die Geschwindigkeit, mit der sich besagter Stern auf uns zubewegt:

v = 18,5 km/s

Aber, das was wir bisher gemacht haben, war deswegen nicht ganz so schwer, weil wir uns die Wirklichkeit ein wenig zu unseren Gunsten zurechtgebastelt haben. Wir haben so getan, als käme das Auto oder irgend so ein Stern exakt und direkt auf uns zugefahren oder zugeflogen. Das ist ja meistens gar nicht so. Wenn wir am Straßenrand vorbeifahrenden Autos zusehen, dann fahren diese an uns vorbei und nicht durch uns hindurch.

Und das hat - mal wieder - mathematisch gesehen ziemlich zermürbende Konsequenzen auf unser vereinfachtes Weltbild. Aber warum bloß? Weil - das können wir am besten in einer weiteren Skizze sehen:

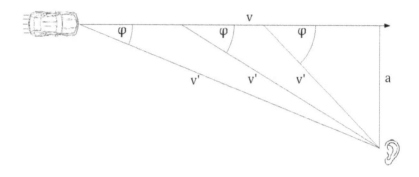

Jetzt wird das Problem sichtbar. Wenn wir am Straßenrand stehen und das Auto sich nicht genau uns nähert, sondern mit dem Abstand a an uns vorbei fährt, ändert sich die ganze Zeit sowohl der Winkel φ als auch diese scheinbare Geschwindigkeit v', mit der das Auto sich irgendwie uns nähert. Und damit auch der Ton, also die Frequenz des Motors.

Wie können wir das in den Griff kriegen? Was wollen wir überhaupt in Erfahrung bringen? Sicherlich interessant wäre der Verlauf der Frequenz. Wie verändert sich diese in Abhängigkeit der Entfernung? Das wissen wir noch nicht. Tatsache ist, ein möglicher Ton eines herannahenden Autos verändert sich in so einem Falle allmählich, wird langsam immer tiefer und immer tiefer. Mathematisch gesehen haben wir es mal wieder mit diesen komischen veränderlichen Größen zu tun. Es bleibt uns nichts anderes übrig als der Versuch, über die bekannten Größen an die veränderlichen Größen heranzukommen.

Was haben wir für bekannte Größen? Diesen Abstand a von uns zu der Bewegungslinie des Autos und die Geschwindigkeit v des Autos. Und immer noch die Frequenz f_0 und die Schallgeschwindigkeit c. Was noch? Diese Formel hier, denn die ist immer noch gültig:

$$f = \frac{c \cdot f_0}{c - v'}$$

Daraus folgt, dass wir uns irgendwie diese scheinbare Geschwindigkeit v' herausarbeiten müssen. Das geht in diesem Falle, zumindest sieht es sehr danach aus, irgendwie über einen geometrischen, dreieckigen Weg. Was liegt also näher als mit dem guten alten Satz des Pythagoras anzufangen? Dann könnten wir in dieser Formel hier die scheinbare Geschwindigkeit, mit der sich das Auto uns nähert, also dieses v' einfach durch

$$v' = \sqrt{v^2 + a^2}$$

ersetzen! Das wäre doch eine brauchbare Idee oder nicht?

Nein, das wäre keine gute Idee. Das ist sogar eine ziemlich schlechte Idee. Denn wir dürfen nicht den fatalen Fehler machen, Geschwindigkeiten und Abstände gleichwertig in den Satz des Pythagoras zu stecken, auch wenn es schon fast wie eine Lösung aussieht.

Der Abstand a ist ein Längenmaß und keine Geschwindigkeit, auch wenn wir das in unserer Skizze oben so schön dargestellt haben. Wir haben ein Fehler gemacht, aber daraus lernen wir. Und deswegen zeichnen wir eine neue Skizze, ein Dreieck mit den Strecken l, l' und a und den Punkt P:

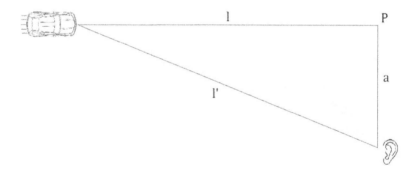

Der Pythagoras dazu nimmt jetzt diese richtige Form an, weil da nur Abstände drin vorkommen:

$l' = \sqrt{l^2 + a^2}$

Aber das gilt natürlich nur für den Anfang, also wenn l und l' so sind, wie in der Skizze dargestellt. Denn, wenn das Auto auf der Linie l entlang fährt, dann wird dieses l und damit auch dieses l' in Abhängigkeit der Zeit immer kürzer. Etwas mathematischer formuliert wären das zum Zeitpunkt t_0 dann l_0 und l_0'. Um das in den Formeln mal zu verdeutlichen, müssen wir diese in der Abhängigkeit der Zeit sich veränderlichen Strecken wie folgt darstellen:

$l = l_0 - v \cdot t$

Wenn wir da beispielsweise folgende Werte einsetzen,

$l_0 = 250$ m
$v = 20$ m/s

dann hätte unser Auto nach der Zeit t = 6 s die Strecke von 120 m zurückgelegt, so dass das Maß l, also die verbleibende Distanz zwischen dem Auto und dem Punkt P nur noch 130 m beträgt. Können wir nicht auch das gleiche mit v' machen? Nee, das geht deswegen nicht, weil v' sich ärgerlicherweise gerade nicht gleichmäßig verändert wie beispielsweise dieses l.

Die scheinbare Geschwindigkeit v', mit der sich das Auto uns nähert, wird immer langsamer, wird irgendwann 0, nämlich dann, wenn das Auto den Punkt P passiert und wird dann mit wachsender Entfernung von uns allmählich wieder größer. Aber wie kommen wir da bloß an v' ran?

Der Pythagoras reicht da nicht mehr. Aber vielleicht einige trigonometrische Betrachtungen? Da finden wir bestimmt etwas. Und deswegen zeichnen wir den Winkel φ nochmal in unser Dreieck ein:

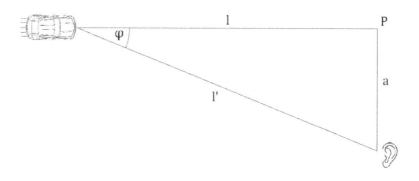

Auf jeden Fall können wir schon mal aufstellen

$\cos \varphi = l/l'$

und

$\tan \varphi = a/l$

Aus diesen beiden trigonometrischen Funktionen können wir uns da was zusammenstellen. Zunächst einmal müssen wir sehen, dass wir den Winkel φ alleine auf eine Seite bekommen. Das machen wir mit dem umgestellten Tangens:

$\varphi = \text{arc tan}(a/l)$

Und diese zurückgelegte Strecke l ersetzen wir durch

$\varphi = \text{arc tan}(a/(l_0 - v \cdot t))$

Dann haben wir da schon mal die Zeit t mit untergebracht. Und jetzt können wir mit dem Cosinus schon mal für unseren sich ständig verändernden Abstand l' schreiben

$$l' = \frac{l}{\cos(\text{arc tan}(a/(l_0 - v \cdot t)))}$$

und da $v' = v \cdot l/l'$ können wir schreiben

$v' = v \cdot \cos(\text{arc tan}(a/(l_0 - v \cdot t)))$

Das sieht zwar ziemlich wild aus, hat aber den Riesenvorteil, dass wir nun mit all unseren bekannten Größen auf der rechten Seite die sich ständig und leider nicht linear sich ändernde Geschwindigkeit v' beschreiben.

Bevor wir nun die Korken knallen lassen, müssen wir noch einen letzten Schritt vollführen. Denn die Geschwindigkeit ist uns eigentlich wurscht, was uns ja interessiert, ist die Frequenz. Die noch gültige Formel für die Frequenz eines sich annähernden Objektes, egal ob Auto oder Stern lautet immer noch

$$f = \frac{c \cdot f_0}{c - v'}$$

Und da müssen wir jetzt nur noch das v' durch unser mühsam konstruierte Formel

$$v' = v \cdot \cos(\arctan(a/(l_0 - v \cdot t)))$$

Ersetzen, dass sieht dann so aus

$$f = \frac{c \cdot f_0}{c - v \cdot \cos(\arctan(a/(l_0 - v \cdot t)))}$$

Das ist der Frequenzgang eines Autos, das in einem gewissen Abstand von uns vorbei fährt. Halt! Noch nicht ganz, wir müssen noch den Fall betrachten, wenn das Auto an uns vorbei gefahren ist und sich dann von uns entfernt. Das sieht dann so aus:

$$f = \frac{c \cdot f_0}{c + v'}$$

Da wird unterm Bruchstrich die scheinbare Geschwindigkeit des Autos der Schallgeschwindigkeit dazuaddiert. Weil sich ja das Auto entfernt. Nun, die Kurve, die auf der senkrechten Achse die Frequenz und auf der waagerechten Achse - wie immer - die Zeit darstellt, sieht so aus:

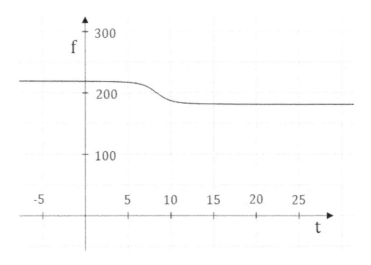

Endlich fertig! Es waren viel Mühe und Fantasie notwendig, um sichtbar zu machen, wie sich eine Frequenz oder, im Falle von Sternen, auch eine Wellenlänge verhält, wenn sich der Sender auf uns zu und dann an uns - in einem gewissen Abstand - vorbei bewegt.

Die siebte Lektion
Wir kochen uns ein Ei

Das Wesen dieses Buches ist es ja immer wieder, die Anwendung mathematischer Hilfsmittel an ganz normalen, alltäglichen Sachverhalten verstehbar darzustellen. Und zwar um diese besser nachvollziehen zu können oder um etwas verlässlichere Vorhersagen treffen zu können und nicht nur um irgendwelche schwammigen Schätzungen abgeben zu müssen. Oder voreilige Schlüsse zu ziehen. Also so eine Art Erkenntnisgewinn über die elementaren Zusammenhänge von gewöhnlichen Sachverhalten.

Und um das auch gleich vorwegzunehmen, ja, mathematische Hilfsmittel *verstehbar* darzustellen und nicht etwa die zwanghafte Verkomplizierung einer Blickrichtung.

So, genug der hochtrabenden Worte, worum geht es in dieser Lektion? Wie der Titel schon sagt, wir kochen uns ein Ei. Und werden dabei - versuchen - hier dem Verständnis dienende mathematische Basisarbeit zu leisten. Mal sehen, wie weit wir kommen, denn oft genug stellen wir ja fest, je banaler solche alltäglichen Dinge sind, desto komplexer ist die der Klärung dienende Mathematik.

Wie können wir hier anfangen? Mit etwas Physik. Und zwar lässt sich die für die Erwärmung eines Körpers notwendige Wärmeleistung $\dot{Q}$ wie folgt errechnen:

wenn

m   Masse des Körpers in kg
c   spezifische Wärmekapazität in kJ/(kg · K)
T_{Anfang} Temperatur des Körpers am Anfang in K
T_{Ende} Temperatur des Körpers am Ende in K
$\Delta\tau$ Zeitraum der Erwärmung in s

dann gilt

$$\dot{Q} = m \cdot c \cdot (T_{Anfang} - T_{Ende}) / \Delta\tau$$

Das passt immer. Damit könnten wir beispielsweise ausrechnen wie viel Watt wir die ganze Zeit leisten müssten, wenn wir 100 Liter Wasser in einer Stunde von 20° auf 50° aufheizen wollten. Der kleine Punkt über dem $\dot{Q}$ bedeutet immer "pro Zeit", in diesem Falle Wärmemenge pro Sekunde. Das also zunächst einmal als recht banalen Zusammenhang aus der Thermodynamik.

Es gibt aber auch noch einen weiteren, sehr hilfreichen Zusammenhang, mit dem wir ermitteln können, wie viel

Wärmeleistung wir überhaupt in einen zu erwärmenden Körper reinbekommen.

Dieser Zusammenhang ist abhängig von der Größe der Oberfläche des Körpers, durch den die Wärme durchwandern muss, von dem Wärmeübergangswiderstand dieser Oberfläche und natürlich von dem Temperaturunterschied, denn je heißer das Heizmedium, desto schneller heizen wir auf. Das ganze sieht so aus:

wenn
A Fläche, durch die die Wärme durchwandert in m^2
k Wärmedurchgangskoeffizient in $W/(m^2 \cdot K)$
T die sich verändernde Temperatur des Eies in K
T_{Wasser} Temperatur des Wassers in K

dann gilt

$\dot{Q} = A \cdot k \cdot (T_{Wasser} - T)$

Das sieht zwar wunderbar einfach aus, das ärgerliche ist nur, wenn sich die Temperatur des Körpers durch das Aufheizen allmählich erhöht, dann verkleinert sich damit auch gleichzeitig die Temperaturdifferenz $T_{Wasser} - T$ und damit natürlich auch die Heizleistung $\dot{Q}$. Es ist mal wieder so weit...

Wir wagen mal einen ersten Schritt und setzen beide Wärmeleistungen gleich $\dot{Q}$, letztendlich sind sie ja auch gleich, also $\dot{Q} = \dot{Q}$ und damit

$$A \cdot k \cdot (T_{Wasser} - T) = m \cdot c \cdot (T_{Anfang} - T_{Ende}) / \Delta\tau$$

Das gilt aber nur dann, wenn wir die zum jeweiligen Zeitpunkt herrschenden Temperaturen da einsetzen. Der verdammte Hase im Pfeffer sozusagen.

Also, für $(T_{Anfang} - T_{Ende})$ schreiben wir ΔT, so dass:

$$A \cdot k \cdot (T_{Wasser} - T) = m \cdot c \cdot \Delta T / \Delta\tau$$

und nach dem wir die Zeit $\Delta\tau$ nach links rübergestellt haben

$$A \cdot k \cdot (T_{Wasser} - T) \cdot \Delta\tau = m \cdot c \cdot \Delta T$$

packen wir alle Temperaturen auf die eine Seite und den Rest auf die andere Seite, nur dann können wir unseren mathematischen Schachzug aus der Integralrechnung durchführen. Jaaa, die passende Erklärung kommt auch noch dazu. Zunächst aber haben wir das hier

$$A \cdot k / (m \cdot c) \cdot \Delta\tau = \Delta T / (T_{Wasser} - T)$$

Und bevor wir weitermachen, sei hier nochmal der Hase im Pfeffer zitiert. Wenn wir - in unserem Falle hier - das Ei anfangs in das schon kochende Wasser legen, dann strömt in diesem Moment auch sehr viel Wärme in das kalte Ei. Und wenn das Ei schon in die Nähe der Wassertemperatur angekommen ist, dann strömt nur noch sehr wenig Wärme in das Ei. Die Aufheizkurve eines Eies sieht deshalb ja auch meistens so gekrümmt aus:

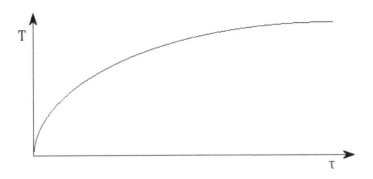

Die Temperatur des sich aufheizenden Eies ändert sich ja irgendwie in Form einer Kurve, also leider nicht wie eine Gerade, mit der wir es mathematisch gesehen viel einfache hätten. Und um Himmels willen nein, wir lassen die Temperatur des kochenden Wassers T_{Wasser} lieber als unveränderliche Größe da so stehen. Das ist im Moment besser so, wir kriegen noch genug Steine aus der instationären Wärmeleitung in den Weg gelegt.

Was ist jetzt zu tun? Da die Temperatur des Eies sich ja ständig verändert, ist unsere Gleichung immer nur für einen - ja, das müssen wir hier so komisch formulieren - unendlich kurzen Zeitraum richtig. Denn nur in dieser unendlichen Kurzheit verändert sich die Temperatur des Eies auch nur unendlich wenig, also so gut wie gar nicht. Und wenn wir den gesamten Aufheizverlauf zu fassen kriegen wollen, also wenn wir eine Formel suchen, die die Aufheizung des Eies insgesamt beschreiben soll, dann müssen wir alle diese unendlich kurzen Zeiträume ja irgendwie unter einen Hut kriegen.

Das geht mathematisch "ganz prima", in dem wir unsere Gleichung - die ja eigentlich immer nur für einen unendlich kurzen Zeitraum gilt - mal eben integrieren. Und wie geht dieses obskure integrieren? Zunächst in dem wir aus dem ΔT ein dT und aus dem $\Delta \tau$ ein $d\tau$ machen. Das mag wohl im ersten Moment ziemlich bescheuert aussehen, jedoch - uns das ist wichtig - deuten wir damit an, dass wir sowohl die Temperaturdifferenz ΔT als auch den Zeitabschnitt $\Delta \tau$ unendlich klein bzw. kurz gemacht haben. Wir kriegen dadurch zwar unendlich viele, dafür aber winzig kleine gerade Stückchen aus unserer Aufheizkurve zu fassen. Und unsere gültige Gleichung sieht dann so aus:

$$A \cdot k / (m \cdot c) \cdot d\tau = dT / (T_{Wasser} - T)$$

Und nun können wird beide Seiten integrieren, also auf beiden Seiten der Gleichung diese unendlich kleinen Abschnitte "addieren", das deuten wir an mit diesem ∫-Zeichen:

$$\int A \cdot k / (m \cdot c) \cdot d\tau = \int dT / (T_{Wasser} - T)$$

Wobei - und jetzt wird es kompliziert - das Integrieren zwar in gewissem Sinne ein Addieren ist, aber eben nur in gewissem Sinne. Und was ist das Integrieren nun wirklich? Dazu unsere Kurve von vorhin nochmal mit etwas neuem drin:

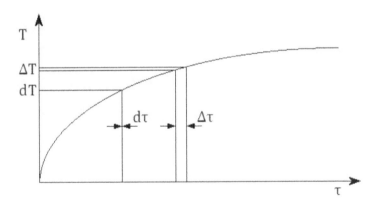

Wir können aus dieser Skizze heraus erkennen, wenn wir mit dem Zeitabschnitt Δτ rechnen, der dazugehörige jeweilige Temperaturzuwachs ΔT immer unterschiedlich ausfallen würde, und zwar je nach dem wann wir diesen Zeitraum betrachten.

Und nur wenn wir unser Δτ schmal genug machen, also dieses dτ draus machen, ist der Zuwachs an Temperatur dT immer gleich groß, nämlich unendlich klein, egal wann wir während der Aufheizphase diesen Zeitraum betrachten.

Bei der weiteren Betrachtung unserer Formel - wenigstens in unserem Falle hier, wo wir ein Ei kochen - können wir davon ausgehen, dass die Größen A, k, m, und c sowie die Wassertemperatur T_{Wasser} sich nicht verändern. Die sind selbstverständlich für den physikalischen Vorgang von Bedeutung, aber für unsere mathematische Betrachtung hier sind sie einfach Konstanten. Wir können daher unsere Formel ein klein wenig anpassen, in dem wir die Konstanten auf der linken Seite der Gleichung vor das Integralzeichen setzen. Die brauchen wir nämlich gar nicht mitzuintegrieren:

$$A \cdot k / (m \cdot c) \cdot \int d\tau = \int dT / (T_{Wasser} - T_{Ei})$$

Wenn wir jetzt lediglich die linke Seite der Gleichung betrachten und die obige Skizze dabei im Auge behalten, dann wird aus der Aufsummierung aller dτs ein τ, und unsere Gleichung sieht dann so aus:

$$A \cdot k / (m \cdot c) \cdot \tau = \int dT / (T_{Wasser} - T)$$

Auch wenn die alle unendlich dünn sind, wir haben ganz einfach alle dτs durch integrieren addiert, das geht. Aber was haben wir dadurch gewonnen? Erstmal nicht viel, außer dass nach dem Integrieren wir auf der linken Seite die Summe aller dτs haben. Und jetzt ist die rechte Seite der Gleichung dran mit dem Integrieren.

Bei den dTs ist das nicht mehr so einfach. Und zwar weil dTs noch durch (T_{Wasser} − T) geteilt werden, also da steckt die Temperatur des Eies T ja noch irgendwie mit drin, und das auch noch unterm Bruchstrich. Das übliche Ärgernis also. Und was machen wir jetzt? Na ja, wir integrieren unter Mithilfe von Integrationsregeln. Das ist genauso wenig anrüchig wie das Backen nach Rezept oder das Fahren nach Navi. Das macht jeder. Und was gibt es für Integrationsregeln?

Hier mal einige Beispiele in der üblichen x - y - Schreibweise:

$$\int 6x^2 \, dx = 2x^3 + C$$

$$\int \sin(x) \, dx = -\cos(x) + C$$

$$\int dx / (a - x) = \ln(a - x) + C$$

Zugegeben, die Beispiele sind nicht ganz vollständig und außerdem taucht da plötzlich auch noch dieses blöde C in der Gleichung auf. Aber dieses C haben wir uns einfach deswegen eingehandelt, weil wir die Ober- und Untergrenzen noch nicht definiert haben. Wie bitte? Ja, die Ober- und Untergrenze des Integrals. Denn, das Integral einer Funktion meint die Fläche unter der Kurve einer Funktion. Entscheidend ist aber, dass wir wohl eine brauchbare Integrationsregel gefunden haben, mit der wir weiterarbeiten können, und zwar:

$$\int dx / (a - x) = \ln(a - x) + C$$

auf unsere Verhältnisse übertragen, also an Stelle von x unser T und an Stelle von a unser T_{Wasser}:

$$\int dT / (T_{Wasser} - T) = - \ln(T_{Wasser} - T) + C$$

Jetzt müssen wir noch irgendwie dieses lästige C da weg kriegen. Unsere fertige Gleichung sieht momentan so aus:

$$A \cdot k / (m \cdot c) \cdot \tau = - \ln(T_{Wasser} - T) + C$$

Wir stellen die mal ein wenig um, damit wir für dieses C einen Ersatz schreiben können:

$$\ln(T_{Wasser} - T) = - A \cdot k / (m \cdot c) \cdot \tau + C$$

Jetzt kommt folgende Überlegung: Am Anfang, also zum Zeitpunkt $\tau = 0$ entspräche die Temperatur des Eies auch der Anfangstemperatur, wir also können schreiben:

$$\ln(T_{Wasser} - T) = - A \cdot k / (m \cdot c) \cdot \tau + \ln(T_{Wasser} - T_{Anfang})$$

Und da $e^{\ln(a)}$ soviel wie a ist und $e^{\ln(a+b)}$ gleich $a \cdot b$ ist, können wir folgendes notieren:

$$T_{Wasser} - T = e^{- A \cdot k /(m \cdot c) \cdot \tau} \cdot (T_{Wasser} - T_{Anfang})$$

und umgestellt nach der von der Zeit τ anhängigen Ei-Temperatur T:

$$T = T_{Wasser} - e^{- A \cdot k /(m \cdot c) \cdot \tau} \cdot (T_{Wasser} - T_{Anfang})$$

Das ist zwar noch nicht die berühmte Ei-Kochformel, aber wir können z.B. feststellen, zum Zeitpunkt $\tau = 0$, also ganz am Anfang hat das Ei die Temperatur

$$T = T_{Wasser} - 1 \cdot (T_{Wasser} - T_{Anfang})$$

$$T = T_{Anfang}$$

und weiter ist erkennbar an dieser Formel, je länger die verstrichene Zeit, also je größer das τ im Exponent von e ist, desto kleiner wird $e^{-A \cdot k/(m \cdot c) \cdot \tau}$ und damit auch das, was wir von T_{Wasser} abziehen. Und nach unendlich langer Zeit wird damit

$T = T_{Wasser}$

Was ja auch klar ist, denn je länger wir das Ei kochen, desto heißer wird es und irgendwann erreicht das Ei auch die Temperatur des kochenden Wassers.

Was fehlt jetzt noch? Nun, unsere bisherigen Betrachtungen beruhen darauf, dass die Temperatur innerhalb des Eies überall gleich ist, sich die Wärme sozusagen blitzartig im Ei ausbreitet. Aber das stimmt nicht, das ist physikalisch gar nicht möglich, selbst wenn das Ei aus Kupfer oder Silber besteht. Denn jeder Stoff hat eine Art "Wärmewiderstand". Und genau das macht unsere weitere Mathematik dazu bestimmt nicht leichter...

Wir kommen zunächst einmal nicht drum rum, hier zwei dimensionslose Zahlen einzuführen. Das hört sich zunächst schlimmer an als es tatsächlich ist, vor allen Dingen wenn es sich da auch noch um physikalische Komponenten handelt. Jedoch sind diese dimensionslosen Zahlen nichts weiter als eine Möglichkeit, z.B. physikalische Sachverhalte vergleichbar darzustellen. Eine vielleicht eher verstehbare dimensionslose Zahl wäre beispielsweise das Verhältnis von Arbeitszeit zu Gesamtlebenszeit. Derjenige, bei dem diese Zahl sagen wir mal bei 0,18 liegt, hat weniger von seiner Lebenszeit mit Arbeit verbracht, als jemand dessen Zahl bei 0,21 liegt. Egal ob dieser in Skandinavien, Amerika oder in Lummerland lebt.

Über welche dimensionslosen Zahlen reden wir hier überhaupt? Nun, es sind die Biot-Zahl und die Fourier-Zahl. Die Biot-Zahl ist wie folgt definiert:

wenn
α   der Wärmeübergang von der Umgebung auf den Körper in $W/(m^2 \cdot K)$
L   eine "charakteristische" Länge in m
λ   die Wärmeleitfähigkeit des Körpers in $W/(m \cdot K)$

dann gilt:

$$Bi = \frac{\alpha \cdot L}{\lambda}$$

Wobei diese charakteristische Länge in unserem Falle - wir tun mal so, als wenn das Ei eine Kugel wäre - der Radius des Eies ist, also die Länge, die die Wärme zurücklegen muss bis zur Mitte des Eies. Und, jetzt kommt die entscheidende Erkenntnis, die wir hier gewinnen können, je größer die Biot-Zahl, desto größer ist das Temperaturgefälle zwischen der Oberfläche des Körpers und dem Inneren des Körpers.

Die Fourier-Zahl ist wie folgt definiert:

wenn

a   die Temperaturleitfähigkeit in m²/s
τ   die Zeit in s
L   eine "charakteristische" Länge in m

dann gilt:

$$Fo = \frac{a \cdot \tau}{L^2}$$

Oder, wenn uns die Einheit der Temperaturleitfähigkeit, also diese m²/s, etwas komisch vorkommen sollte, können wir für die Fourier-Zahl auch nachfolgende Definition wählen (ist das Gleiche...):

c   die spezifische Wärmekapazität in kJ/(kg · K)
λ   die Wärmeleitfähigkeit des Körpers in W/(m · K)
ρ   die Dichte in kg/m³
τ   die Zeit in s
L   eine "charakteristische" Länge in m

dann gilt:

$$Fo = \frac{\lambda}{c \cdot \rho} \cdot \frac{\tau}{L^2}$$

Für die Fourier-Zahl gilt, je größer diese ist, desto schneller werden Temperaturunterschiede im Körper selbst ausgeglichen. Bei gleichen Abmessungen und Zeiten ist beispielsweise die Fourier-Zahl einer Glaskugel etwa 4 mal höher als die einer Holzkugel. Die Fourier-Zahl einer Silberkugel ist sogar 270 mal höher als die einer Glaskugel. Nur damit wir uns einfach mal was darunter vorstellen können.

Die Frage, die jetzt im Raum steht, wäre die, was machen wir mit diesen beiden komischen Zahlen? Nun, diese beiden Zahlen helfen uns bei unseren weiteren Berechnungen. Wir befinden uns nämlich schon mitten drin in der Spezialdisziplin der instationären Wärmeleitung. Und dazu benötigen wir noch eine weitere Formel, die der dimensionslosen Temperatur Θ_m, die sieht so aus:

$$\Theta_m = \frac{T - T_{Wasser}}{T_{Anfang} - T_{Wasser}}$$

Und da wir am Ende nur die Zeit berechnen wollen, die wir brauchen, um das Ei zu kochen, bis es gut durch ist, gehen wir wie folgt vor: Wir berechnen zunächst die dimensionslose Temperatur Θ_m und die Biot-Zahl, dafür haben wir alle Werte. Dann gehen mit diesen beiden Zahlen in ein kompliziert aussehendes Diagramm und bestimmen die Fourier-Zahl.

Dann stellen wir die Gleichung für die Fourier-Zahl so um, dass auf der linken Seite die Zeit steht und rechts der Rest. Jetzt müssen wir in dieser Formel nur noch die entsprechenden Werte eingeben und voilà, fertig ist die Berechnung! Also los.

Wenn

T = die sich verändernde Temperatur in der Mitte des Eies in K, die wollen wir auf 60°C bringen, ein hart gekochtes Ei also

T_{Wasser} = die Temperatur des kochenden Wassers, die ist hier immer 100°C bzw. 373 K

T_{Anfang} = Temperatur des Eies am Anfang, die ist hier 15°C bzw. 288 K

und damit ist schon mal

$$\Theta_m = \frac{T - T_{Wasser}}{T_{Anfang} - T_{Wasser}}$$

$\Theta_m = 0{,}47$

Jetzt kommt die Berechnung der Biot-Zahl

$$Bi = \frac{\alpha \cdot L}{\lambda}$$

mit folgenden einigermaßen realistischen Werten von

α der Wärmeübergang mit 5.000 W/(m² · K)
L der Radius des Eies mit 0,025 m
λ die Wärmeleitfähigkeit mit 0,5 W/(m · K)

errechnet sich die Biot-Zahl zu

Bi = 250

So, und jetzt machen wir uns ein Diagramm zu Nutze, aus dem wir die Fourier-Zahl ermitteln, wo dann die Zeit drin steckt. Das Diagramm sieht unbenutzt zunächst so aus:

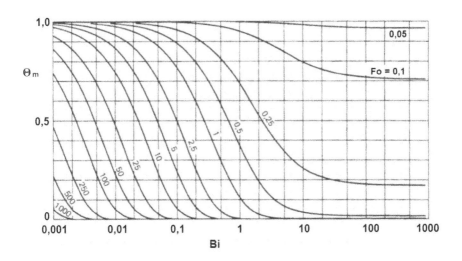

Jetzt gehen wir mit den Biot-Zahl von 250 und der dimensionslosen Temperatur von 0,47 ins Diagramm rein und erhalten eine Fourier-Zahl von 0,13:

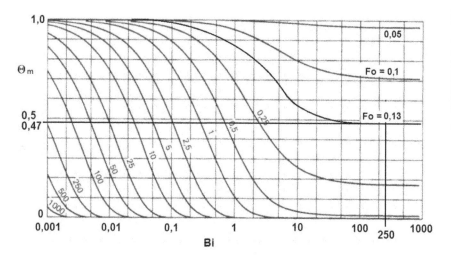

Jaaa, nicht ganz so super exakt, aber immer noch besser als gar nichts. Wir dürfen nicht vergessen, dass die Skalen für die Biot-Zahl und die Kurven für die Fourier-Zahlen logarithmisch sind. Dann sieht eine Abschätzung immer etwas komisch aus. Tatsache ist aber, unsere Fourier-Zahl liegt bei etwa 0,13, d.h.

$$0{,}13 = \frac{\lambda}{c \cdot \rho} \cdot \frac{\tau}{L^2}$$

und wenn wir das nach der Zeit umstellen:

$$\tau = \frac{0{,}13 \cdot c \cdot \rho \cdot L^2}{\lambda}$$

und mit folgenden Werten von

c   die Wärmekapazität mit 3.200 J/(kg · K)
ρ   die Dichte mit 1.050 kg/m³
L   der Radius des Eies mit 0,025 m
λ   die Wärmeleitfähigkeit mit 0,5 W/(m · K)

errechnet sich die Zeit zu

$\tau = 546$ s

also gute 9 Minuten für ein hart gekochtes Ei. Na ja, dass diese ganze Rechnerei inkl. Diagramm-Ablesung an sich schon ungenau genug ist, haben wir gesehen. Noch ungenauer wird das ganze durch diese schwammigen physikalischen Daten zur Wärmekapazität und –leitfähigkeit, außerdem haben wir Eigelb und Eiweiß, die auch noch unterschiedlich sind. Jaaa, sicherlich auch in der Größe. Und zu guter Letzt, kein Ei ist Kugelrund und hat einen Radius von exakt 25 mm. Und besser wird das ganze auch nicht unbedingt dadurch, dass das Eiweiß des Hühnereies aus Ovalbumin und Conalbumin besteht, die jeweils bei unterschiedlichen Temperaturen gerinnen.

Also mal eben ein Ei zu kochen ist nicht ohne...

Die achte Lektion
Der Strom kommt aus der Steckdose

Manchmal können doch starke Zweifel aufkommen beim betrachten einiger spezieller Strategen, die es offensichtlich immer noch nicht geschafft haben, wenigsten die Grundrechenarten zu beherrschen. Zwar könnten diese hier einräumen, dass es für das in dieser Lektion zu behandelnde Thema nicht so einfach ist, die einzelnen Summanden einer Addition korrekt zu definieren. Aber gerade dann sollte man sich auch nicht zu irgendwelchen übereilten Fantasieaussagen hinreißen lassen.

Worum geht es hier? Nun, ein aktuelles Thema, nämlich das der Stromversorgung in diesem Lande, wird momentan - so scheint es zumindest - viel zu politisch behandelt. Etwas mehr Physik und Mathematik würde dem Thema gut tun. Und da es immer besser ist, ein kleines Licht anzuzünden statt über die Dunkelheit zu klagen, werden wir hier mal versuchen, etwas Klarheit zu schaffen.

Wie kriegen wir da ein Bein an den Grund? Wie viel Strom braucht Deutschland, um zu funktionieren? Nun, das ändert sich natürlich ständig. An einem bescheidenen Sonntagmorgen im Sommer ist der Strombedarf sicherlich etwas niedriger als an so einem dunklen und kalten Montag Morgen im Januar, wenn viele Betriebe ihre Produktion beginnen.

Noch stärker schwankt der Strombedarf zwischen Tag und Nacht. Insgesamt gesehen haben wir eine zwar wiederkehrende, aber doch mathematisch schwer zu greifende Kurvenform. Diese sieht üblicherweise so aus:

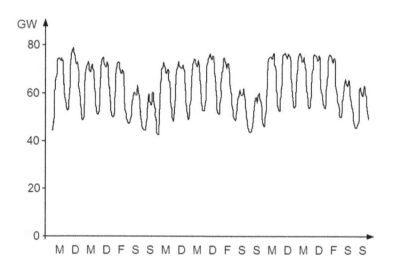

Links auf der y-Achse die geforderte (oder die zu erbringende...) elektrische Leistung in Gigawatt, unten auf der x-Achse die Wochentage, angefangen mit dem Montag, dargestellt sind 3 Wochen. Was fällt uns da auf? Na ja, das ist ja nun nicht wirklich schwer zu erraten. Wie oben schon angedeutet, erkennen wir diese Regelmäßigkeit der Wochen und den Tag- und Nacht-Rhythmus in dieser Kurve.

Und was machen wir mit dieser Kurve? Da wir uns in einem Mathebuch befinden und nicht in einer von diesen schöngeistigen Broschüren, müssen wir uns da schon etwas Brauchbares einfallen lassen, um vernünftig voranzukommen. Was könnte das sein? Für unsere Zwecke wäre natürlich eine wie auch immer geartete mathematische Beschreibung dieser Kurve sehr hilfreich. Zwar entspricht das Diagramm der Wirklichkeit und damit entzieht es sich - mal wieder - dem direkten mathematischen Zugriff. Aber, mit ein wenig Fantasie, Mut und diesem speziellen Abstraktionsvermögen können wir folgendes aufstellen:

Wir haben ein sich jeden Tag wiederholenden Vorgang, das wäre zunächst mittels einer Sinus-Funktion darstellbar:

$y = \sin(x)$

Wir haben eine weitere Wiederholungs-Welle alle 7 Tage und damit eine zweite - hinzu zu addierende - Sinus-Funktion:

$y = \sin(x) + \sin(x/7)$

Der Maximalwert liegt bei etwa 90 GW, der Minimalwert liegt bei etwa 30 GW, daraus folgt, dass der Mittelwert nicht wie bei einer Sinus-Funktion üblich bei Null liegt, sondern bei etwa 60 GW, d.h. wir addieren diese einfach dazu:

y = sin(x) + sin(x/7) + 60

Jetzt müssen wir noch berücksichtigen, dass das Argument beim Sinus von 0 ... 360° oder auch von 0 ... 2 · π reicht, also müssen wir unsere "x-Tage" mit 2 · π malnehmen:

y = sin(2 · π · x) + sin(2 · π · x/7) + 60

Und da der Sinus immer nur von -1 ... +1 reicht, müssen wir da mit Faktoren ein wenig rumprobieren, um die tatsächlichen Schwankungen wenigstens einigermaßen abzubilden. Das sieht dann inkl. Diagramm so aus:

y = 16 · sin(2 · π · x) + 6 · sin(2 · π · x/7) + 60

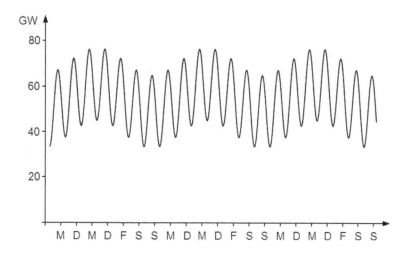

Zwar nicht ganz so exakt wie gewünscht, insbesondere die stärkere Absenkung der Stromverbräuche am Samstag und Sonntag kommen nicht so richtig zur Geltung, aber immerhin, wir haben jetzt eine mathematische Formel die den Stromverbrauch in Abhängigkeit von der Zeit beschreibt. Jaaa, die Feiertage sind da auch nicht dabei.

Jedenfalls können wir endlich mathematisch rangehen an die Sache mit der Eingangs erwähnten Stromversorgung und den so schwierigen Additionen und auch den Durchschnittswerten. Wie hoch ist denn die Durchschnittsstromleistung? Addiert hatten wir ja vorhin die mit dem Auge abgeschätzten 60 GW, die Frage ist aber, wie können wir diese berechnen?

Wir müssten unsere Zick-Zack-Kurve mathematisch glätten. Oder einfach die Fläche unter der Kurve ermitteln und das dann durch die verstrichene Zeit teilen. Die Fläche unter der Kurve? Ja, denn die Fläche unter der Kurve entspricht ja einer geleisteten Energie, gemessen in kWh oder TWh. Und wenn wir diesen Wert wieder durch die Anzahl an Stunden teilen, haben wir die Durchschnittsleistung. Wie berechnen wir die Fläche unter der Kurve? In dem wir integrieren...

Unsere hart erarbeitete Funktion lautet immer noch

$f(x) = 16 \cdot \sin(2 \cdot \pi \cdot x) + 6 \cdot \sin(2 \cdot \pi \cdot x/7) + 60$

und wenn

f(x) = sin(x)

dann lautet gemäß den üblichen Integrationsregeln die Stammfunktion

F(x) = − cos(x)

und wenn

f(x) = sin(2 · π · x)

dann lautet die Stammfunktionist nach dem Integrieren

$$F(x) = - \frac{1}{2 \cdot \pi} \cdot \cos(2 \cdot \pi \cdot x)$$

und daraus folgt für die Gesamtformel

$$F(x) = - \frac{16 \cdot \cos(2 \cdot \pi \cdot x)}{2 \cdot \pi} - \frac{6 \cdot 7 \cdot \cos(2 \cdot \pi \cdot x/7)}{2 \cdot \pi} + 60 \cdot x + C$$

und noch ein klein wenig vereinfacht das Ganze:

$$F(x) = -\frac{8 \cdot \cos(2 \cdot \pi \cdot x)}{\pi} - \frac{21 \cdot \cos(2 \cdot \pi \cdot x/7)}{\pi} + 60 \cdot x + C$$

Und wenn wir jetzt die entsprechenden Werte für x einsetzen, also die Werte zum Zeitpunkt t = 0 und nach Ende eines Jahres mit t = 365 (das x steht immer noch für Tage, nicht für Stunden oder Sekunden), dann erhalten wir die Fläche unter der Kurve, in der Einheit GW-Tage, nicht GWh. Und die hat die Größe

21.896 – – 9,23 = 21.905 GW-Tage

Aus diesen 21.905 GW-Tagen machen wir durch Malnehmen mit 24h/1Tag und teilen durch 1000 diese üblichen GWh (Gigawattstunden):

$$21.905 \text{ GW-Tage} \cdot \frac{24 \text{ h}}{1 \text{ Tag}} = 525.720 \text{ GWh}$$

Und die durchschnittliche Stromleistung ergibt sich dann wie folgt:

$P_{Durchschnitt}$ = 525.720 GWh / 8760 h

$P_{Durchschnitt}$ = 60,014 GW

Na gut, das war ja klar. Das mit den 60 GW hatten wir ja vorher schon festgelegt und hinterher sind wir immer alle schlauer, insbesondere unsere geliebten Erbsenzähler. Die Berechnung der durchschnittlichen Stromleistung ist aber zunächst OK für uns. Schlussendlich wissen wir aber jetzt, dass dieses Land - um zu funktionieren - im Schnitt gesehen eine Dauerstromleistung von 60 GW benötigt.

Wenn nun, wie politisch gewünscht, in allen Häusern und Wohnungen eine Wärmepumpe installiert werden soll um Heizungsanlagen, die mit Gas oder Heizöl betrieben werden, zu ersetzen, käme diese Stromleistung noch dazu. Wie hoch ist diese? Nun, der Versuch, auch hier einen Durchschnittswert zu ermitteln, ist vielleicht noch schwieriger als das, was wir eben erstellt haben mit unseren Diagrammen. Und zwar deswegen, weil im Winter mehr geheizt wird als im Sommer. Oder im Herbst und im Frühling.

Aber da wir auch hier nicht drum rum kommen, eine durchschnittliche elektrische Last zu ermitteln, denn nur so können wir die Zahlen addieren, müssen wir uns hier etwas einfallen lassen. Über Umwege mit bekannten Werten kommen wir der Sache vielleicht näher. Z.B. könnten wir uns den bekannten jährlichen Heizölverbrauch ansehen. Der jährliche Heizölverbrauch in Deutschland betrug im Jahr 2022 rund 16 Millionen Tonnen, wobei etwa ein Viertel der Haushalte mit Heizöl heizt. Ein durchschnittlicher Heizwert von Heizöl beträgt etwa 11 kWh/kg. Um diesen Wert in elektrische Leistung umzurechnen, müssen wir wie folgt vorgehen:

16 Millionen Tonnen pro Jahr entspricht

$16 \cdot 10^6$ Tonnen pro Jahr bzw.

$16 \cdot 10^9$ kg pro Jahr oder

$16 \cdot 10^9$ kg/a

Wenn wir das mit dem Heizwert mal nehmen, erhalten wir

Leistung = $16 \cdot 10^9$ kg/a $\cdot$ 11 kWh/kg

Leistung = $176 \cdot 10^9$ kWh/a

und da die Einheit kWh/a zwar einer Leistung entspricht, weil Arbeit durch Zeit, aber trotzdem schwer lesbar ist, machen wir daraus wieder unsere Gigawatt (GW):

Leistung = $176 \cdot 10^9$ kWh/a $\cdot$ a/8760h

denn damit kürzen sich die Jahre und die Stunden weg und es bleibt gerundet

$20 \cdot 10^6$ kW oder

20 GW

Das ist also die über das Jahr gemittelte Heizleistung von 1/4 aller Wohnungen und Häuser in Deutschland. Die Gesamtheizleistung läge dann bei grob 80 GW.

Ein Vorteil, den Wärmepumpen haben, ist der, dass diese aus 1 kW elektrischer Leistung je nach Außentemperatur und Vorlauftemperatur des Heizmediums etwa 3 bis 4 kW Heizleistung liefern. Damit können wir diese Gesamtheizleistung von 80 GW um den Faktor 3,5 reduzieren, also beläuft sich die elektrische Leistung, die benötigt wird um mittels Wärmepumpen alle Wohnungen und Häuser in Deutschland zu beheizen auf ca. 22 GW.

Und da bereits etwa 10% der Wohnungen und Häuser schon mit einer Wärmepumpe beheizt werden, ziehen wir 10% von unseren 22 GW ab, es verbleiben also noch 20 GW. Und wie schon Eingangs gesagt, dass hier sind alles keine exakten Berechnungen, das sind alles lediglich abgeschätzte und gemittelte Werte bzw. Größenordnungen. Das ist wichtig zu wissen, denn die Erbsenzähler fackeln nicht lange. Wichtig ist nur, dass wir hier nicht sowas wie Äpfel und Birnen addieren, daher hantieren wir hier und da immer nur mit Leistungen.

Gibt es noch etwas, dass wir zu dieser mittlerweile auf 80 GW angewachsenen Stromleistung addieren müssen? Ja, die vereinzelt schon zu sehenden Elektroautos. Wie kriegen wir die Leistungstechnisch erfasst? In dem wir uns ein paar gesicherte Tatsachen, die auch allgemein zugänglich sind, vor Augen führen.

In Deutschland gibt es ca. 48 Mio. PKWs, jeder mit einer durchschnittlichen Fahrleistung von ca. 11.000 km im Jahr. Und der durchschnittliche Verbrauch eines PKWs bewegt sich im Bereich von ca. 20 kWh pro 100 km. Aus diesen Angaben lässt sich bestimmt etwas ermitteln, nämlich die gemittelte elektrische Leistung, die notwendig wäre, wenn all diese PKWs Elektroautos wären. Wir müssen nur alles miteinander mal nehmen und durch die 8760 Stunden pro Jahr teilen:

Leistung = $48 \cdot 10^6 \cdot 11.000$ km/a $\cdot$ 20 kWh/100 km $\cdot$ a/8760 h

Leistung = 12,0 GW

Damit wären wir schon bei ganzen 92 GW! Und das als Durchschnittsleistung, wohlgemerkt, die Leistungsspitzen liegen da deutlich höher. Aber wir wollen hier ja zunächst unser Augenmerk darauf richten, wie wir diese Leistung erzeugen können. Und zwar - wie so gern gewünscht - lediglich mit Wind und Sonne.

Fangen wir bei der Windenergie mal an. Mal sehen, ob das geht. Kein Geheimnis ist die Tatsache, dass 2% der Fläche Deutschlands für das Aufstellen von Windkraftanlagen genutzt werden soll, das entspricht einer Fläche von etwa 7.152 km². Wie viele Windräder können wir hier unterbringen? Das kommt drauf an, mit welchen Abständen zwischen den Windrädern rechnen. Die sind erstens nicht nur unterschiedlich je nach Bundesland und Umgebung, diese Abstände ändern sich auch mit der Zeit.

Und da wir nicht all diese unterschiedlichen Mindestabstände berücksichtigen können, sind wir auf Mittelwerte angewiesen. Was bietet sich da an? 500 m sind vielleicht ein brauchbarer Durchschnittswert, so dass die Anzahl an Windkraftwerken bei dieser Annahme bei 28.608 Stück liegen würde. Und was könnten diese 28.608 Stück Windkraftwerke leisten?

Nun, ein ordentliches Windkraftwerk leistet so um die 2.500 kW. Wenn wir diese Leistung mit der Anzahl von max. aufgestellten Windkraftwerken mal nehmen, kommen wir auf die stattliche Zahl von 71.520.000 kW oder 71,5 GW.

Na bitte, das ist doch schon mal ein ordentlicher Wert! Sagt zumindest der Fürsprecher des grünen Stromes. Wir schauen aber da mal genauer hin...

Die Leistung eines Windkraftwerkes ist vom Wind abhängig, das sagt schon mal der Name. D.h. wenn der Wind nicht weht, gibt es natürlich auch kein Strom aus Windkraftwerken und ab etwa Windstärke 6, also erst wenn eine ordentliche Brise weht, dann gibt es die volle Leistung an Strom. Und wie verhält es sich bei etwas Wind?

Wir diskutieren nicht, wir rechnen: Jede Masse, egal ob fest, flüssig oder gasförmig, enthält kinetische Energie. Diese ist gleich der Hälfte der Masse m des Körpers mal genommen mit dem Quadrat der Geschwindigkeit v und geteilt durch 2. Bei unseren Windkraftanlagen ist die sich bewegende Masse der Wind.

$E_{kin} = 1/2 \cdot m \cdot v^2$

Leistung ist Energie pro Zeiteinheit. Somit ergibt sich für die Leistung P des Windes:

$P_{Wind} = 1/2 \cdot \dot{m} \cdot v^2$

mit $\dot{m}$ als Massenstrom der Luft, sozusagen die Windlast, die wir mit A als Gesamtrotorfläche und ρ als die Dichte der Luft wie folgt beschreiben:

$\dot{m} = A \cdot \rho \cdot v$

Und aus diesen beiden Gleichungen machen wir eine:

$P_{Wind} = 1/2 \cdot \rho \cdot A \cdot v \cdot v^2$

bzw.

$P_{Wind} = 1/2 \cdot \rho \cdot A \cdot v^3$

Das ist jetzt die Leistung des Windes, sofern dieser vollständig genutzt werden würde, was aber gar nicht möglich ist, denn dann müsste hinter dem Windkraftwerk diese Windgeschwindigkeit auf Null absinken. Aber wie auch immer, all dies ist hier für uns nicht das entscheidende. Entscheidend ist auch nicht mit welchem Wirkungsgrad ein Windkraftwerk arbeitet und welchen Durchmesser die Rotorfläche hat. Entscheidend ist die Abhängigkeit der Leistung eines Windkraftwerkes von der Windgeschwindigkeit in der dritten Potenz.

D.h. wenn ein Windkraftwerk bei einer Windgeschwindigkeit von sagen wir mal 14 m/s (sowas wie Windstärke 6), seine volle Leistung liefert, liefert das Windkraftwerk bei der Hälfte der Windgeschwindigkeit, also bei 7 m/s (etwa Windstärke 4), nur noch 1/2 hoch drei, also ein Achtel seiner Leistung! Hinzu kommt noch die unschöne Eigenschaft der Windkraftwerke, die liefern nur dann Strom, wenn der Wind es so will und nicht unbedingt dann, wenn wir den Strom brauchen.

Die neunte Lektion
Warum ist es oben auf dem Berg immer so kalt

Zwar sind die meisten von uns - in weiser Voraussicht - immer schön warm angezogen, wenn es hoch hinauf geht ins Gebirge, aber nicht jeder, der es bis zum Berggipfel geschafft hat, macht sich auch Gedanken darüber, warum es da oben so kalt ist. Dass das so ist, kann jeder von uns schon von weitem erkennen, ist auch so auf jedem zweiten Gebirgsfoto gut zu sehen, die Berggipfel sind schneebedeckt. Ja, aber nochmal, warum ist das so?

Zunächst einmal, ärgerlich in diesem Zusammenhang sind immer wieder diese plötzlich auftauchenden Besserwisser, die mit diesen oberflächlichen und im ersten Moment alles erschlagenden Argumenten wie "an der Nasenspitze ist es auch kälter" auftrumpfen. Mit solchen Sprüchen unterdrücken diese schlauen Strategen lediglich jede weitere Motivation, nach den tatsächlichen Ursachen für dieses Kältephänomen zu suchen. Aber davon lassen wir uns von unserer Neugier und den daraus resultierenden Fragen nicht abbringen.

Und dabei landen wir zwangsläufig zunächst bei der Frage, wie ist eine Temperatur überhaupt definiert. Nun, physikalisch gesehen ist Temperatur ein Maß für die mittlere kinetische Energie von Molekülen, in unserem Falle den Molekülen der Luft, und zwar ganz einfach über die Formulierung dieser kinetischen Energie

$$E_{kin} = 1/2 \cdot m \cdot w^2$$

mit m als Masse und w als durchschnittliche Geschwindigkeit der Luftmoleküle. D.h. die Temperatur ist proportional zur Geschwindigkeit dieser Moleküle zum Quadrat. Das bedeutet, eine doppelt so hohe Geschwindigkeit der Luftmoleküle entspricht dann einer 4 mal so hohen Temperatur. Der Umkehrschluss ist - Mathematik sei Dank - wenn wir die Geschwindigkeit der Moleküle halbieren, dann sinkt die Temperatur auf 1/4.

Wobei wir beim Vervierfachen und Vierteln von Temperaturen nicht einfach so mit den Celsius-Graden herumhantieren dürfen.

Wir müssen hier die physikalisch gesehen sehr viel bessere Kelvin-Skala benutzen. Bei der Kelvin-Skala stehen bei 0K (Null Kelvin) tatsächlich alle Moleküle still, denn das ist der absolute Nullpunkt, da ist wirklich alles gefroren, noch kälter geht nicht. Während das bei der willkürlich an das Wasser angelehnte Celsius-Skala gar nicht der Fall ist, da fliegen Gasmoleküle selbst bei 50°C unter Null noch ziemlich munter in der Gegend herum. Und normale Zimmertemperatur wäre mit der Kelvin-Skala gemessen so um die 293K. Die Umwandlung von Celsius-Graden in Kelvin (nicht Kelvin-Grade sondern Kelvin) machen wir, in dem wir einfach zu den Celsius-Graden 273,15 dazu addieren, dann haben wir Kelvin. Das rechnet sich so:

$T_K = t_{°C} + 273,15$

Aber zurück zu unserer Eingangsfrage, warum ist die Luft um so kälter, je höher wir steigen? Sinkt etwa die Geschwindigkeit der Luftmoleküle je höher wir in der Atmosphäre steigen? Das muss wohl so sein, denn die Masse der einzelnen Luftmoleküle ändert sich ja nicht. Es bleibt nur die Geschwindigkeit, die sich ändern kann. Aber wie bloß verändert sich die Geschwindigkeit in Abhängigkeit von der Höhe? Und warum?

Auch hier kommen wir mal wieder nicht drum rum, uns zunächst mit einigen physikalischen Zusammenhängen auseinander zu setzen. Das Gebiet der Thermodynamik ist da ja sehr ergiebig...

Wenn wir mal die wechselnde Wolkenbildung, den Regen, Eiskristalle, wechselnde Sonneneinstrahlung und sonstige physikalischen Unruhestifter außer Acht lassen, dann haben wir so ziemlich alle Störgrößen eliminiert. Übrig bleibt eine von der Höhe abhängige Veränderliche, nämlich der Druck in der Atmosphäre.

Der Druck in einem Medium berechnet sich recht einfach:

Wenn
p der Druck in N/m² (nennt sich auch Pascal)
ρ die Dichte in kg/m³
g die Erdbeschleunigung mit 9,81 m/s²
h die Höhe über den Erdboden in m

dann gilt in unserer knappen Symbolsprache:

$p = \rho \cdot g \cdot h$

Im Grunde genommen also wirklich kinderleicht, aber nur unter der Bedingung, dass sich die Dichte ρ nicht mit verändert. Und das ist leider nur bei Flüssigkeiten der Fall. In unserem Falle hier mit der Atmosphäre haben wir es - mal wieder - mit einer veränderlichen Dichte zu tun. Denn wenn der Druck, der mit steigender Höhe abnimmt, sich verändert, verändert sich damit natürlich auch gleichzeitig die Dichte der Luft.

Dass die neunte Lektion hier noch lange nicht zu Ende ist, kann sich jetzt jeder denken. Welche Möglichkeiten haben wir, die sich mit verändernde Dichte in den Griff zu kriegen? Nun, mittels der allgemeinen Gasgleichung

$$\frac{p_1 \cdot V_1}{T_1} = \frac{p_2 \cdot V_2}{T_2}$$

könnten wir durch Einsetzen von $\rho = m/V$ in diese Gleichung versuchen, die Dichteänderung zu berechnen. Aber auch das wird nicht funktionieren. Vielleicht sollten wir mal nachsehen, was sich einige kluge Gelehrte schon vor uns für hilfreiche Überlegungen gemacht haben. Nicht ausgeschlossen, dass wir da ein Ausweg aus unserer Misere finden. Was wir hier nämlich brauchen, sind die Zustandsänderungen der idealen Gase.

Welche Zustandsänderungen gibt es? Oder anders gefragt, worum geht es überhaupt dabei? Bei den Zustandsänderungen der idealen Gase geht es um die diversen Veränderungen, die ein Gas erfahren kann. Also beispielsweise wenn ein Gas in einem Kolben eingeschlossen ist und wir bei gleichem Druck die Temperatur erhöhen und dann wissen wollen, um wie viel sich das Volumen ausdehnt. Fangen wir an nach der Maxime Arbeit ist Kraft mal Weg, nämlich bei unseren Kolben, der sich nach rechts bewegt.

Wir haben also einen geschlossenen Gasraum und unseren verschiebbaren Kolben, das sieht so aus:

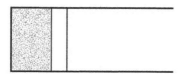

Dann erwärmen wir das Gas. Da sich dieses Gas ausdehnt bei Erwärmung, verschiebt sich der ganz leicht gängige Kolben langsam nach rechts:

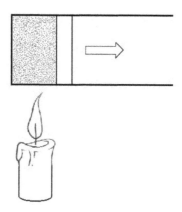

Das warme Gas hat sich ausgedehnt und den Kolben nach rechts verschoben, der Druck im Kolben ist gleich geblieben.

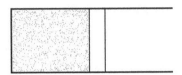

Das ist ja nun wirklich nichts weltbewegendes. Das stellen wir trotzdem mal in das berühmte pV-Diagramm dar. Dieses Diagramm zeigt auf der senkrechten Achse den Druck p und auf der waagerechten Achse das Volumen V dar. Also das Diagramm, das uns jetzt noch einige Male dienlich sein wird. Und das sieht hier - noch ziemlich langweilig - so aus:

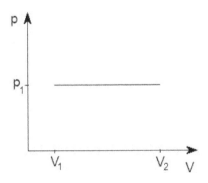

Der Druck p_1 bleibt gleich und nur das Volumen V ändert sich von V_1 auf V_2. Würden wir das eingeschlossene Gas wieder abkühlen, dann würde sich der Kolben langsam wieder von rechts nach links bewegen. Immer bei gleichem Druck und ganz leicht gängigen Kolben wohlgemerkt, daher die waagerechte Linie im pV-Diagramm.

Was würde passieren, wenn wir den Kolben festhalten und das Gasvolumen langsam erwärmen? Auch das ist noch ziemlich einfach, das Volumen bleibt gleich nur der Druck steigt an. Auch das sieht in unserem pV-Diagramm ganz einfach aus, denn das Volumen ändert sich ja nicht, V_1 bleibt V_1:

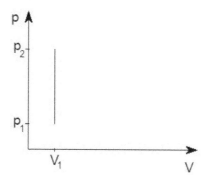

Eine Volumenänderungen, also wenn sich der Kolben in Abhängigkeit von der Temperatur bewegt, können wir mittels der vorhin aufgestellten allgemeinen Gasgleichung

$$\frac{p_1 \cdot V_1}{T_1} = \frac{p_2 \cdot V_2}{T_2}$$

ganz einfach berechnen. Und da $p_1 = p_2$ ist, bleibt übrig

$$\frac{V_1}{T_1} = \frac{V_2}{T_2}$$

Daraus erkennen wir, die Volumenänderung ist bei der isobaren Zustandsänderung (isobar heißt gleichbleibender Druck) proportional zur Temperaturänderung.

Und damit es hier nicht so langweilig bleibt, stellen wir die Kerze weg und bewegen den Kolben. Den schieben wir einfach mal - bei eingeschlossenem Gasvolumen - so hin und her. Was können wir da feststellen? Nun, das kommt darauf an, wie schnell wir den Kolben bewegen. Zunächst gibt es da zwei Extremfälle, der eine Fall ist, wenn wir den Kolben sehr schnell bewegen. Und sehr schnell heißt in diesem Fall - mathematisch gesehen - unendlich schnell.

Warum so schnell? Weil wir nicht wollen, dass die bei der Verdichtung des eingeschlossenen Gases auftretende Erwärmung an die Umgebung abgegeben wird. Auch dann nicht, wenn es nur ganz wenig ist. Es soll keine Wärme an die Umgebung abgegeben werden. Nur dann haben wir eine sogenannte adiabatische Zustandsänderung vor uns.

Und wer das Wort "adiabatisch" nicht findet, der kann auch bei "isentrop" nachsehen. Ist mathematisch das gleiche, bei isentrop ist gemeint, dass sich die Entropie nicht verändert. Was Entropie ist, kommt in einem späteren Buch, versprochen. Aber warum erwärmt sich das Gas im Kolben, wenn wir das Volumen verkleinern und der Druck damit ansteigt?

Damit wir die Antwort auf die Frage mit der Erhöhung der Temperatur nicht einfach nur irgendwo abschreiben oder stumpf nachlesen, sondern tatsächlich mal versuchen, der Sache auf den Grund zu gehen um diese zu verstehen, stellen wir uns mal einen dreidimensionalen Tischtennistisch vor, also einfach eine große, grüne Kiste. Kann auch grau sein. Dann vergrößern wir all diese winzigen Gasmoleküle auf Tischtennisballgröße, kippen diese in unseren dreidimensionalen Tischtennistisch und lassen sie dann mit lautem Geklackere wild hin- und her flitzen. Zu guter Letzt ersetzen wir eine Seite unseres Tischtennistisches durch eine leicht hin- und her verschiebbare Wand.

Wenn wir nun diese Wand, als wäre es ein überdimensionaler Tischtennisschläger, ganz schnell nach innen bewegen, also in die Kiste reinschieben, dann bekommen all die Bälle, die zufällig in der Nähe dieser Wand sind, einen zusätzlichen Stoß. Und genau dieser zusätzliche Stoß erhöht die Geschwindigkeit all dieser wild herum flitzenden Bälle.

Diese schnelleren Bälle verteilen dann durch die unzähligen weiteren Stöße ihre Geschwindigkeit auf all die anderen Bälle, so dass sich am Ende alle Bälle etwas schneller hin und her bewegen. Ein noch lauteres und schnelleres Geklackere wäre dann zu hören. Und genau das ist ja die Temperaturerhöhung, was sich durch das Gleichsetzen der Formeln für die Berechnung der kinetischen Energie auch prima darstellen lässt. Die erste Formel hatten wir vorhin schon

$E_{kin} = 1/2 \cdot m \cdot w^2$

Die zweite Formel dazu finden wir in jedem ordentlichen Physikbuch, die lautet

$E_{kin} = 3/2 \cdot k_B \cdot T$

mit der Bolzmann-Konstante $k_B = 1{,}380649 \cdot 10^{-23}$ J/K. Das wir hier gerade komplexes Terrain betreten, wissen wir.

Ausnahmsweise belassen wir es mal dabei und wagen nicht den Versuch, die Hintergründe zu dieser Konstanten zu verstehen. Jedenfalls können wir die beiden Gleichungen gleichsetzen und schreiben

$1/2 \cdot m \cdot w^2 = 3/2 \cdot k_B \cdot T$

Die bemerkenswerte Erkenntnis, wenn sich die Tischtennisbälle doppelt so schnell bewegen, sich die Temperatur vervierfacht, hatten wir vorhin schon. Aber wenn wir diese Erhöhung der durchschnittlichen Geschwindigkeit unserer Tischtennisbälle irgendwie mathematisch quantifizieren wollen, wie können wir das anstellen? Hilft da unser pV-Diagramm weiter? Wie sieht die entsprechende Linie aus, wenn wir unser Gas im Kolben ganz schnell verdichten? Ist die Linie irgendwie schräg in unserem Diagramm? Oder ist das vielleicht sogar eine von diesen schwierigeren Kurven? Ja, verdammt nochmal, es ist eine Kurve:

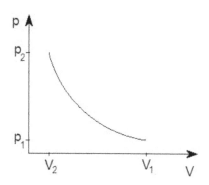

Es ist mal wieder so weit, wir brauchen mehr als die vier Grundrechenarten, um das verflixte Verhalten unserer Tischtennisbälle mathematisch in den Griff zu kriegen. Hilft es, dabei den gesunden Menschenverstand zu benutzen? Immer. Denn daraus ergibt sich hoffentlich die zur Lösung führende Formulierung.

Also, was passiert, wenn wir ein Gas mittels Kolben zusammendrücken? Formeltechnisch hatten wir das ja eben schon versucht, darzustellen, erklärt hatten wir es mit den laut herum flitzenden Tischtennisbällen. Und wer schon mal sein Fahrrad mit einer Luftpumpe und schnellen Bewegungen aufgepumpt hat und nicht an der Tankstelle, der hat gespürt, dass die Luftpumpe dabei auch warm wird.

Und genau jetzt kommt der große Sprung in die Abstraktion. Die Arbeit, die wir bei der schellen, Bewegung ausführen, ist ähnlich dem Zusammendrücken einer Feder. Ähnlich, weil die Zunahme der benötigten Kraft, um eine Feder zusammenzudrücken, linear mit dem zurückgelegten Weg ansteigt (doppelter Weg, doppelte Kraft), währen das beim Zusammendrücken des Gases im Kolben, wenn schnell genug, nicht der Fall ist, weil adiabatisch.

Wir werden uns auch hier wieder mit dem gleichen Prinzip aus der Patsche helfen müssen. Das Prinzip der Verkleinerung von Abschnitten bis zur Unendlichkeit und der darauf folgenden speziellen Addition dieser unendlich kleinen Abschnitte. Der Vorteil dabei ist, solche unendlich kleinen Abschnitte beeinflussen die Faktoren, mit denen sie selbst berechnet werden, dann auch nur noch unendlich wenig. Also gar nicht...

Und das zwingt uns, aus den Tiefen unseres mathematischen Werkzeugkastens mal wieder unser Integral rauszuholen. Also dieses spezielle Werkzeug, mit dem sich diese unendlich vielen und unendlich kleinen Teile addieren lassen. Dazu zunächst mal wieder eine unserer Skizzen:

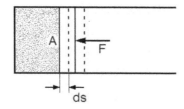

Darin ist dargestellt unser Kolben, dessen Fläche A, die Kraft F, die wir aufbringen, um den Kolben zu verschieben und dabei das Gas zu komprimieren sowie den unendlich kleinen Weg ds, um den wir den Kolben verschieben. Dann gilt zunächst für die dann geleistete Volumenänderungs-Arbeit W_V die bekannte Formel Arbeit ist Kraft mal Weg, also:

$$W_V = \int F \cdot ds$$

Jetzt sind wir natürlich mit so Sachen wie Kraft mal Weg noch etwas weit entfernt von thermodynamischen Prozessen. Daher brauchen wir noch einige Gleichsetzungen. Aus der Kraft F machen wir Druck p mal Fläche A, das ist das Gleiche:

$$W_V = \int p \cdot A \cdot ds$$

und aus der Fläche A und dem Weg ds machen wir das Volumen dV. Das sieht mathematisch natürlich viel klarer aus:

$$W_V = \int p \cdot dV$$

Aber das reicht immer noch nicht...

Wir kommen nicht drum rum, hier den ersten Hauptsatz der Thermodynamik zu nutzen, der ist wichtig. Wenn also

W_V die vom System oder am System verrichtet mechanische Volumenänderungsarbeit (z.B. den Kolben verschieben)
Q   die vom System aufgenommene oder abgegebene Wärme
ΔU die Zu- oder Abnahme der inneren Energie
    (die Bewegungsenergie aller Teilchen)

dann gilt:

$W_V + Q = \Delta U$

Das sieht schon mal recht übersichtlich aus. Und wenn wir jetzt auch noch in Betracht ziehen, dass wir hier unseren adiabatischen Prozess haben, der ja keine Wärme mit der Umgebung austauscht, dann fliegt auch noch dieses Q aus der Gleichung raus. Dann wird aus dem ersten Hauptsatz der Thermodynamik das hier:

$W_V = \Delta U$

So, und jetzt müssen wir uns nur noch darum kümmern, für die beiden Therme jeweils eine passende Formulierung zu finden. Für die Volumenänderungsarbeit W_V gilt immer noch das vorhin aufgestellte Integral

$$W_V = -\int p \cdot dV$$

Die Zu- bzw. Abnahme der inneren Energie ΔU bekommen wir über die klassische Gleichung, die wir wie folgt notieren. Wenn:

c_V die spez. Wärmekapazität in kJ/(kg · K) bei unveränderlichem Volumen, daher das kleine v
m   die Masse in kg
ΔT die Temperaturdifferenz in K

dann gilt

$\Delta U = c_V \cdot m \cdot \Delta T$

Und da ja immer noch

$W_V = \Delta U$

gilt selbstverständlich auch

$-\int p \cdot dV = c_V \cdot m \cdot \Delta T$

Aber das ist immer noch nicht ganz richtig. Ganz richtig wird die Sache erst dann, wenn wir unsere Infinitesimalbrille aufsetzen und auf der rechten Seite der Gleichung aus dem ΔT ein unendlich kleines dT machen. Diese werden wir dann, um in der mathematischen Grammatik zu bleiben, wiederum durch integrieren addieren. Also das hier:

$-\int p \cdot dV = \int c_V \cdot m \cdot dT$

Jetzt ist diese Gleichung mathematisch und physikalisch richtig, denn der Druck p ist immer noch abhängig vom Volumen und der Temperatur. Diese Abhängigkeit lässt sich an Hand der idealen Gasgleichung erkennen. Diese ideale Gasgleichung soll nicht etwa neue Verwirrung stiften, diese Gleichung ist ein wunderbares Werkzeug, mit dem sich - wie in unserem Falle auch - das Eine oder Andere verblüffend einfach berechnen. Jaaa, das müssen wir hier so breit treten, wir sind aber schon auf der Zielgeraden, so ganz viel kommt da jetzt nicht mehr.

Hier also diese ideale Gasgleichung, die ist wirklich fundamental:

Wenn

p   der Druck in N/m², (nennt sich auch Pascal)
V   das Volumen in m³
m   die Masse in kg
R   die spezielle Gaskonstante in J/(kg · K)
    die spezielle Gaskonstante ist gasabhängig,
    beispielsweise ist für Luft R_{Luft} = 287 J/(kg · K)
T   die Temperatur in K

dann gilt

$p \cdot V = m \cdot R \cdot T$

Und für den Druck schreiben wir damit

$p = R \cdot m \cdot T/V$

das setzen wir an Stelle des p in unsere Integral-Gleichung ein:

$$-\int p \cdot dV = \int c_V \cdot m \cdot dT$$

$$-\int R \cdot m \cdot T/V \cdot dV = \int c_V \cdot m \cdot dT$$

es überrascht nicht sonderlich, die Masse m kürzt sich raus, weil egal wie viel Gas wir haben

$$-\int R \cdot T/V \cdot dV = \int c_V \cdot dT$$

Jetzt gibt es da noch so ein spezieller thermodynamischer Zusammenhang, der uns hier weiterhilft, und zwar wenn

c_P die spez. Wärmekapazität in kJ/(kg · K) bei unveränderlichem Druck

dann gilt

$c_P - c_V = R$

Dieser Zusammenhang hilft uns, jetzt sieht unsere Gleichung mit den beiden Integralen so aus:

$$-\int (c_P - c_V) \cdot T/V \cdot dV = \int c_V \cdot dT$$

Und noch ein klein wenig geordnet und umgestellt:

$$-(c_P - c_V) \int dV/V = c_V \int dT/T$$

Vor dem eigentlichen Integrieren müssen wir korrekterweise noch die jeweiligen Ober- und Untergrenzen anfügen:

$$-(c_P - c_V)\int_{V_1}^{V_2} dV/V = c_V \int_{T_1}^{T_2} dT/T$$

Zugegeben, momentan fällt es noch ein wenig schwer, aus dieser Gleichung die Erkenntnis zu gewinnen, warum es oben im Gebirge kälter ist als im Tal. Aber wir haben es bald geschafft. Jetzt erst mal beide Seiten integrieren. Und weil

$$\int_{V_1}^{V_2} dV/V = \ln V_2 - \ln V_1 \quad \text{und auch} \quad \ln V_2 - \ln V_1 = \ln(V_2/V_1)$$

Wird aus unserer Integralgleichung nach dem Integrieren

$$-(c_P - c_V) \cdot \ln \frac{V_2}{V_1} = c_V \cdot \ln \frac{T_2}{T_1}$$

Und da wir ja eine Sache ganz genau wissen, nämlich dass

$$a \cdot \ln x = \ln x^a$$

ist, vereinfachen wir unsere Gleichung:

$$\left(\frac{V_2}{V_1}\right)^{(c_P - c_V)} = \left(\frac{T_1}{T_2}\right)^{c_V}$$

Und damit das Minuszeichen vor dem c_v verschwindet, ist die Temperatur T_1 nach oben und die Temperatur T_2 unterm Bruchstrich gewandert. Jetzt ersetzen wir diese beiden Wärmekapazitäten c_P und c_v durch den Adiabatenexponent κ (κ ist der griechische Buchstabe Kappa) mittels folgenden Zusammenhang:

$$\kappa = c_P / c_v$$

Das κ für Luft ist 1,40, das brauchen wir gleich noch. Es macht den Eindruck, als sollte diese Lektion - wie üblich - auf Biegen und Brechen vielleicht etwas eleganter, aber auf jeden Fall schwieriger gemacht werden. Aber das ist ja genau das, was wir hier nicht wollen. Daher also diese epische Breite, in die wir hier mit unseren mathematischen Ansätzen verfallen. So, das musste mal gesagt werden. Jedenfalls können wir jetzt aus unserer Gleichung folgendes Konstrukt erstellen

$$\frac{T_1}{T_2} = \left(\frac{V_2}{V_1}\right)^{(\kappa - 1)}$$

Nennt sich übrigens Poissonsche Gleichung, falls da mal jemand nach fragen sollte. Jetzt haben wir außer diesen aus dem Tabellenbuch rauszusuchenden Adiabatenexponent κ immer noch sowas Unbrauchbares in der Gleichung drin wie das Volumen. Weder V_1 noch V_2 haben wir in irgend einer Form.

Aber, wir haben ein gutes Gedächtnis und diese Eingangs dargestellte Formel

$$\frac{p_1 \cdot V_1}{T_1} = \frac{p_2 \cdot V_2}{T_2}$$

Hilft uns hier aus der Patsche. Wir können nämlich folgendes gleichsetzen:

$$\frac{V_2}{V_1} = \frac{p_1 \cdot T_2}{p_2 \cdot T_1}$$

Und dann können wir endlich unsere finale Gleichung zur Berechnung der Temperatur in Abhängigkeit vom Druck bei adiabatischer Entspannung hier aufstellen

$$\frac{T_1}{T_2} = \left(\frac{p_1}{p_2}\right)^{\frac{(\kappa - 1)}{\kappa}}$$

Das stellen wir noch ein klein wenig um, so dass wir uns ein Werkzeug basteln, mit dem wir die Temperaturen in unserer Atmosphäre in Abhängigkeit von der jeweiligen Höhe berechnen können. Dabei muss das T_2 alleine und links der Gleichung stehen.

Letztendlich also das hier

$$T_2 = T_1 \cdot \left(\frac{p_1}{p_2}\right)^{\frac{(1-\kappa)}{\kappa}}$$

Und nein, das ist kein Fehler, dass da im Exponent $\kappa - 1$ steht und dann plötzlich $1 - \kappa$. Das liegt einfach daran, dass wir beim Umstellen der Gleichung, damit T_2 alleine steht, diese Klammer mit dem Exponent zunächst - gedanklich nur - unterm Bruchstrich von T_1 gestellt hatten. Wenn wir dann dem Exponenten ein Minuszeichen verpassen, ist das so, als würden wir die Klammer mit dem Exponenten dann wieder auf den Bruchstrich stellen. Und dann natürlich mal genommen mit T_1. Und da $-(\kappa - 1)$ das Gleiche ist wie $1 - \kappa$, reicht es einfach, die Summanden zu tauschen. Daher auch diese min^{-1} bei Drehzahlangaben.

Aber zurück zur Berechnung von T_2. Wir brauchen dafür noch den Luftdruck, der in der Höhe herrscht, von der wir wissen wollen, um wie viel es da kälter wird. Müssen wir jetzt auch noch den Luftdruck mittels der barometrischen Höhenformel berechnen und diese Formel auch noch irgendwie in mühevoller Kleinarbeit herleiten? Nein, nicht unbedingt. Es gibt genug Tabellen mit Angaben über den Luftdruck in Abhängigkeit von der Höhe.

Wenn wir uns Beispielsweise mit der Seilbahn vom Eibsee auf die Zugspitze bewegen, dann haben wir folgende Werte

p_1 = 0,9 bar (der Eibsee liegt ca. 1000 m über Normalnull)

P_2 = 0,7 bar (die Zugspitze liegt ca. 3000 m über Normalnull)

und damit würde die Temperatur während der Fahrt nach oben von sagen wir mal 20°C auf etwa 0°C fallen! Jetzt wissen wir endlich den Grund, warum wir uns warm anziehen sollten, wenn wir hoch ins Gebirge fahren.

So, und zu guter Letzt müssen wir uns doch noch mit unseren pV-Diagrammen beschäftigen, also diese Diagramme, mit denen wir unsere mathematischen Zusammenhänge hier sichtbar machen. Wir hatten vorhin kühn behauptet, sofern adiabatisch, also ohne Wärmeaustausch mit der Umgebung, ist das Zusammendrücken eines Gasvolumens mit unseren Kolben nicht proportional wie eine Feder. Bei der adiabatischen Kompression kommt noch der zusätzliche Anteil an Kraftaufwand hinzu, weil das Gasvolumen beim Zusammendrücken sich auch erwärmt. Daher ist diese adiabatische Kurve im pV-Diagramm recht steil.

Würden wir dieses Gasvolumen langsam zusammendrücken, so dass die resultierende Erwärmung sofort an die Umgebung abgegeben würde, müsste die Kurve flacher verlaufen, oder?

Das tut sie auch. Diese Art der Verdichtung nennt sich daher auch isotherm, also mit gleichbleibender Temperatur und sieht in unserem pV-Diagramm mit der Temperatur T_1 so aus:

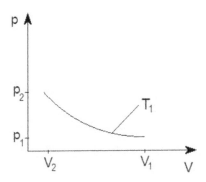

Würden wir unser Gasvolumen vorher schon auf eine ganz bestimmte Temperatur T_2 erhitzen und diese Temperatur halten, dann würde unser Diagramm so aussehen:

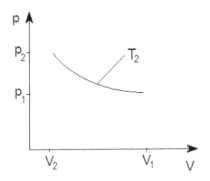

Die entsprechende Formel direkt aus dem Physikbuch dazu:

$$p_2 = \frac{p_1 \cdot V_1}{V_2}$$

Diese Formel gilt immer, egal ob bei T_1 oder T_2. Entscheidend dabei ist, die Temperatur darf sich nicht verändern. Daher ja auch das Wort isotherm.

Und ja, schade dass die Welt nicht immer so einfach ist. Jedenfalls ist diese isotherme Zustandsänderung zwar noch keine epochale Erleuchtung, aber vielleicht kommt ein leichtes Aha-Erlebnis, wenn wir diese beiden vorangegangenen Diagramme mal versuchen in einem pV-Diagramm unterzubringen inklusive unserer adiabatischen Kurve:

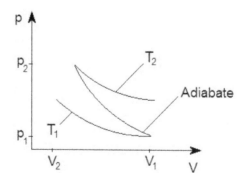

Was da im ersten Moment so aussieht, als hätte Zorro ganz persönlich sein Markenzeichen in das Diagramm geritzt (Jaaa spiegelverkehrt), ist in Wirklichkeit die Darstellung der Verläufe thermodynamischer Zustandsänderungen, und zwar, wenn wir das Gasvolumen in unserem Kolben von V_1 auf V_2 verdichten. Dabei können wir erkennen, dass die Adiabate in ihrem Verlauf deutlich steiler verläuft als die beiden Isothermen.

Die zehnte Lektion
Wie groß können Dinosaurier werden?

Gehört dieses Thema überhaupt in ein Buch über Mathematik? Ist das nicht eher etwas für Biologen und Paläontologen? Die kennen sich doch aus mit solchen Themen oder? Nein, definitiv nicht. Denn die Überschrift dieses Kapitels lautet nicht, wie groß die Dinosaurier geworden sind sondern wie groß können die Dinosaurier werden. Also bis zu welcher maximalen Größe könnten diese urzeitlichen Tiere überhaupt anwachsen? Godzilla und King Kong waren ja beide auch ziemlich groß, zumindest war das so im Kino zu sehen...

Aber ist das realistisch? Genug Nahrung und keine Feinde vorausgesetzt, warum sollte das nicht gehen? Schließlich hatte der enorme Patagotitan mayorum auch schon eine Länge von etwa 37 m, eine Schulterhöhe von 6 m und ein Gewicht von ca. 80 Tonnen. Und warum sollte es nicht auch Exemplare geben, die noch größer sind. Vielleicht 50 m und 120 Tonnen? Oder gar 500 Tonnen?

Nun, machen wir uns ran an die Arbeit. Wir werden mit unseren Mitteln hier unwiderlegbar zeigen, dass es auch da eine unüberwindbare Grenze gibt. Die übrigens auch wenig mit Biologie oder Fressfeinden zu tun hat, aber das nur am Rande.

Vielleicht hilft auch mal der Blick in die entgegengesetzte Richtung. Wenn wir schon mal dabei sind, die Grenzen von maximalen Größen zu ermitteln und zu berechnen, wie sieht es aus, wenn wir uns fragen, wie klein ein Lebewesen werden kann und vor allen Dingen, was können wir dabei beobachten? Man liest ja so oft Dinge wie "Ameisen können ein mehrfaches ihres eigenen Gewichtes tragen".

Wenn wir so klein wären wie eine Ameise, könnten wir dann auch ein Auto auf den Schultern tragen? Wir kommen der Sache schon näher. Mag sein, dass Insekten kräftige Muskeln haben und ein stabiles Exoskelett aus Chitin-Fasern. Aber was heißt schon "kräftig" und was bedeutet stabil? Und welche Festigkeit haben normale Knochen? Können wir das irgendwie quantifizieren?

Nun, in der allgemeinen Literatur finden wir für gesunde Knochen eine Druckfestigkeit von 150 N/mm². Das ist mehr als Beton, der lediglich einer Druckfestigkeit von im Durchschnitt ca. 50 N/mm² aufweisen kann, wer hätte das gedacht. Und was bedeutet das, wenn ein Oberschenkelknochen bei einem Erwachsenen Menschen etwa 25 mm im Durchmesser misst?

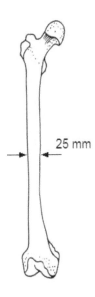

Das bedeutet ganz einfach, dass der Oberschenkelknochen in der Diaphyse, so nennt sich der mittlere Teil des Knochens, eine Querschnittsfläche von

$A = d^2 \cdot \pi / 4$

also 491 mm² hat.

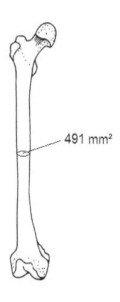

Weiter oben hatten wir festgehalten, dass Knochen eine Festigkeit von 150 N/mm² haben. Wenn die Knochenfläche nun 491 mm² hat, dann kann dieser Knochen mit 73650 N belastet werden, bis er bricht. Das entspricht hier auf der Erde einem Gewicht von sage und schreibe 7508 kg! Das ist zwar enorm viel, aber wir dürfen nicht vergessen, dass ein Knochen nicht nur als dünne Scheibe exakt senkrecht belastet wird.

Ein Knochen wird auch noch auf Knickung, Biegung und Verdrehung belastet und es gibt ja auch noch so komplizierte dynamische Belastungsfälle, wenn wir z.B. auf einem Bein da so herum hüpfen, die sich nur schwer rechnerisch erfassen lassen. Wie auch immer, wir haben hier trotzdem einen Wert ermittelt, mit dem wir hier weiter arbeiten können. Wir können nämlich jetzt feststellen, dass ein Oberschenkelknochen mit einer Last, die beim Menschen in etwa dem 100-fachen seines eigenen Körpergewichtes (also so in etwa 75 kg) entspricht, belastet werden kann ohne zu brechen. Theoretisch natürlich nur.

Und nu? Was können wir daraus ableiten? Ist das auch bei Ameisen und Dinosaurier so? Und bei King Kong?

Vielleicht hilft ein Gedankenexperiment. Das ist ja eigentlich auch das, was wir hier dauernd machen. Also, wir vergrößern mal in Gedanken einen Durchschnittsmenschen mit samt Oberschenkelknochen auf sagen wir mal das Doppelte. D.h. dieser ist jetzt statt 1,8 m hoch ganze 3,6 m hoch. Doppelt so hoch eben. Aber auch doppelt so breit und doppelt so lang, Und natürlich ist damit auch der Oberschenkelknochen doppelt so hoch, breit und lang. Und deswegen ist dieser Knochen jetzt auch 50 mm im Durchmesser.

Und die Querschnittsfläche vom Oberschenkelknochen? Hat die auch doppelt so viele Quadratmillimeter, also $2 \cdot 491$ mm^2?

Nee, und da liegt der erste Hase im Pfeffer, denn nach unserer Verdoppelung des Menschen können wir die Querschnittsfläche des besagten Knochens, nennen wir die A_2, wie folgt berechnen:

$A_2 = d_2^2 \cdot \pi / 4$

$A_2 = (50mm)^2 \cdot \pi / 4$

$A_2 = 1963 \text{ mm}^2$

Und das ist nicht das Doppelte sondern das Vierfache von 491 mm²! Wir können auch ruhig davon ausgehen, dass das für alle Querschnittsflächen von allen Knochen gilt. D.h. ein doppelt so großer Mensch hat Knochen, mit vierfach so großen Querschnittsflächen, die dadurch auch jeweils das Vierfache tragen könnten. Wir Mathematiker sagen natürlich die Querschnittsfläche der Knochen und damit die Tragfähigkeit wächst quadratisch. Na bitte könnten wir jetzt sagen, je größer jemand ist, desto überproportional so starke Knochen hat er.

Ja das stimmt. Aber, wenn wir das so stehen lassen, dann haben wir die Rechnung ohne den Wirt gemacht, denn der zweite Hase im Pfeffer folgt jetzt. Und zwar die nach dem Gewicht, dass die quadratisch größeren Knochenquerschnitte dann tragen müssen. Wie schwer ist jemand, der doppelt so groß ist?

Das Gewicht m eines jeden Körpers ist immer das Volumen malgenommen mit der Dichte, also:

$m = V \cdot \rho$

Wenn wir mal davon ausgehen, dass die Dichte von menschlichen Gewebe immer bei etwa 1000 kg/m³ liegt, also ähnlich der Dichte von Wasser, egal wie groß jemand ist, dann bleibt uns nur noch die Ermittlung des mit der Größenänderung sich mit verändernde Volumen.

Wie sich das Volumen beispielsweise eines Quaders, also sowas wie ein Ziegelstein, berechnet, ist uns allen klar, nämlich einfach Länge mal Breite mal Höhe:

$V_{Quader} = L \cdot B \cdot H$

Aber wie sollen wir bloß das Volumen eines Menschen berechnen? Die Höhe hätten wir vielleicht schon, aber welche Länge und welche Breite? Wieder einmal scheint uns jemand Steine in den Weg legen zu wollen. Aber brauchen wir denn überhaupt diese Werte? Nee, die brauchen wir gar nicht. Das einzige, was wir für unsere Berechnung brauchen, ist sozusagen um wie viel sich das Volumens eines Körpers beim Verdoppeln vergrößert. Und da ist es völlig egal ob Ziegelstein, Würfel oder Mensch.

Wenn wir einen Ziegelstein in der Größe verdoppeln, dann ist das Volumen gleich der doppelten Länge mal der doppelten Breite mal der doppelten Höhe. Das sieht in unserer gewohnten mathematischen Klarheit so aus:

$V_{Quader\ verdoppelt} = 2L \cdot 2B \cdot 2H$

Und jetzt kommt eine für einige Strategen möglicherweise unglaubliche, aber mathematisch glasklare Erkenntnis. Wir fassen die 2 zusammen mittels Exponenten:

$V_{Quader\ verdoppelt} = 2^3 \cdot L \cdot B \cdot H$

$V_{Quader\ verdoppelt} = 8 \cdot L \cdot B \cdot H$ und da

$V_{Quader} = L \cdot B \cdot H$

können wir schreiben

$V_{Quader\ verdoppelt} = 8 \cdot V_{Quader}$

Wow! D.h., wenn wir etwas in allen seinen Abmessungen verdoppeln, dann wächst das Volumen auf das 8-fache! Ein doppelt so großer Mensch wiegt - unter Beibehaltung seiner Proportionen - also acht mal soviel! Das gilt übrigens auch für King Kong.

Das ist eine Erkenntnis von enormer Tragweite, denn nicht nur Menschen, Dinosaurier und King Kong sind davon betroffen. Auch sonstige Gebilde, die statisch belastet werden. Brücken, Kräne, Bäume und Hochhäuser gehören auch dazu.

Was hatten wir vorhin festgestellt? Bei einem normalen Menschen trägt ein Oberschenkelknochen das 100-fache des Gewichtes dieses Menschen. Wenn wir diesen normalen Menschen unter Beibehaltung seiner Proportionen in der Größe verdoppeln, dann haben wir die vierfache Querschnittsfläche, die aber das achtfache an Gewicht tragen muss.

D.h. wir haben diese 1963 mm^2, die bei einer Festigkeit von immer noch etwa 150 N/mm^2 mit 294450 N belastet werden können, und das entspricht hier auf der Erde einem Gewicht von 30153 kg. Demgegenüber steht das um das achtfache erhöhte Gewicht des Doppelmenschen, und das wären 600 kg. Diese oben erwähnte Erkenntnis von großer Tragweite zeigt uns nun, dass bei einem Doppelmenschen dessen Oberschenkelknochen "nur" noch das 50-fache seines Gewichtes Tragen kann.

Vorausschauende Geister, die wir Mathematiker nun mal sind, erahnen wir jetzt einen hochproblematischen Punkt. Nämlich der, ab welcher Vergrößerung unser Übermensch von seinen eigenen Oberschenkelknochen nicht mehr getragen werden kann. Oder gerade eben noch getragen werden kann.

Wann ist das? Das Aufstellen der Gleichung ist mal wieder gefragt. Was genau müssen wir da gleich setzen? Die Kraft, die der Oberschenkelknochen tragen kann, muss genau so groß sein wie die nach unten gerichtete Gewichtskraft des Körpers. Es sind in einem Diagramm zwei Kurven, die sich an diesem Punkt kreuzen. Die eine Kurve zeigt den Anstieg der Haltekraft des Oberschenkelknochens, die andere Kurve zeigt den Anstieg der Gewichtskraft des Körpers. Zunächst die Haltekraftkurve des Oberschenkelknochens:

Wenn
σ = Festigkeit des Knochens in N/mm²
d = Durchmesser des Knochens in mm
F = Haltekraft in N

dann gilt für die Festigkeitskraft

$F_F = \sigma \cdot d^2 \cdot \pi / 4$

Jetzt die Gewichtskraft. Dafür müssen wir einen kleinen Trick anwenden. Nein, wir schummeln nicht, wir verwandeln einen Menschen nur gedanklich in einen Würfel. Das können wir machen, denn wir wollen die Gewichtskraft ausrechnen, und dann ist es egal wie jemand aussieht, Hauptsache das Volumen stimmt, um das mal mathematisch zu formulieren.

Wenn

x = die Kantenlänge des Menschenwürfels in m.
  Jaaa, wir müssen das hier mal so unglücklich formulieren.

g = die Erdbeschleunigung als 9,81 m/s²
  Wird in jedem Physikbuch ordentlich erklärt.

ρ = die Dichte in diesem Menschenwürfel
  Hier können wir durchaus 1000 kg/m³ ansetzen

dann gilt für die Gewichtskraft

$F_G = x^3 \cdot \rho \cdot g$

Wir müssen hier aber höllisch aufpassen mit den Einheiten, denn auf der einen Seite haben wir mm und auf der anderen Seite m, das können wir noch nicht gleich setzen. Das müssen wir angleichen, d.h. die Kantenlänge müssen wir in mm darstellen und die Dichte ρ lautet minimale 0,000.001 kg/mm³. Dieses g lassen wir bei 9,81 m/s², da die Einheit der Kraft in N, die sich aus dem Gewicht ergibt, sich über Masse in kg mal dieser Erdbeschleunigung in m/s² errechnet. So, jetzt aber zur Gleichmacherei, also beide Seiten müssen wir gleich setzen:

$F_F = F_G$

$\sigma \cdot d^2 \cdot \pi / 4 = x^3 \cdot \rho \cdot g$

Und nun? Wir können die Gleichung umstellen wie wir wollen, das x oder das d kriegen wir da nicht ausgerechnet. Eine Gleichung mit zwei Unbekannten geht nicht. Was nun?

Nun, wir wissen doch, dass bei einem Durchschnittsmensch der Oberschenkelknochen das 100-fache des Gewichtes dieses Menschen tragen kann. Wenn wir das auch noch irgendwie mit nutzen, müssten wir doch zu einer Lösung kommen. Wir müssen jetzt lediglich die Kantenlänge x des in Würfelform gedachten Durchschnittsmenschen ermitteln. Nicht weiter schwer, wenn wir von diesen 75 kg und der Dichte von Wasser für menschliches Gewebe ausgehen:

$m = V \cdot \rho$

$m = x^3 \cdot \rho$

$x = \sqrt[3]{m/\rho}$

$x = 0{,}42$ m

D.h. ein Würfel mit einer Kantenlänge von 0,42 m wiegt 75 kg und entspricht ja - wenigstens was das Gewicht anbelangt - unserem Durchschnittsmenschen. Jetzt hilft mathematisches nachdenken, denn die Lösung ist näher als wir denken.

Also, wenn sich die Belastungsfläche eines Knochens beim Verdoppeln von Länge, Breite und Höhe vervierfacht und sich das Gewicht eines Menschen bei diesem Verdoppeln verachtfacht, dann wird der Oberschenkelknochen dieses verdoppelten Menschen um das Achtfache geteilt durch das Vierfache belastet. Und da das Achtfache geteilt durch das Vierfache gleich das Zweifache ist, verdoppelt sich die Belastung pro mm^2 des Oberschenkelknochens beim Verdoppeln der Abmessungen dieses Menschen.

Daraus folgt eine eigentlich überraschende aber tatsächlich sehr weitreichende Erkenntnis, dass sich proportional zur Vergrößerung eines Menschen, dessen spezifische Belastung der Knochen im gleichen Maße erhöht! Würden wir ein Mensch um das 10-fache vergrößern, so erhöht sich die Belastung pro mm^2 der Knochen auch um das 10-fache.

King Kong ist in diesem besagtem Film, wo er gegen Godzilla kämpft, so gute 100 m hoch. Und da King Kong ja irgendwie Menschenähnlich ist, hat auch dieser Oberschenkelknochen mit einer sicherlich vergleichbaren Festigkeit. Die "Dichte" von King Kong dürfte auch im Bereich von etwa 1000 kg/m^3 liegen.

Wir können jetzt guten Gewissens behaupten, King Kong darf nicht größer sein als 200 m. Mindestens da wäre Schluss mit dem Größenwahn, denn mehr halten die Knochen nicht.

Ein winzig kleiner Sprung und die Beinknochen wären dahin. Wer es nicht glaubt, der rechne bitte nach - eine Aussage, die jetzt zum schmunzeln verleitet.

Und ja, diese Gedanken zur maximalen Größe für biologische Wesen können wir selbstverständlich auch auf diese großen Dinosaurier anwenden. Zwar hatte Patagotitan mayorum vier Beine, aber das verändert lediglich etwas den Faktor, nicht aber das Prinzip. So gesehen wäre auch bei diesen urzeitlichen Riesen irgendwann Schluss.

Die elfte Lektion
Je mehr Wölfe desto weniger Schafe?

Mehr durch Zufall bin ich da auf einen Zusammenhang aufmerksam geworden, bei dem - mal wieder - der Verdacht aufkommt, dass Homo Sapiens beim Versuch, mechanismen in der unberührten Natur gedanklich zu erfassen, reichlich daneben liegt. Das kommt öfters vor, als man denkt, man ist ja selbst auch nicht befreit davon. Zumindest aber die Erkenntnis, das eigene Weltbild sei schief und krum, schützt vielleicht vor unangenehmen Überraschungen.

Aber der Reihe nach, worum geht es hier? Nun, in der so oft zitierten freien Wildbahn tummelt sich ja so allerlei Getier. Würmer, Insekten, Vögel, Säugetiere usw., alle stehen meist in komplizierten Verhältnissen zueinander. Da wird gefressen, viele werden gefressen, einige schummeln, andere täuschen und einige tragen fiese Gifte in sich usw. Die Auflistung von Arten und Taten ist hier natürlich nicht vollständig.

Auch in diesem Kapitel werden wir an der Wirklichkeit noch ein wenig dran herumbasteln. Das tut der eigentlichen Sache keinen Abbruch, denn sollten wir hier auf Wirklichkeitstreue bestehen, wäre unser fragiler mathematischer Ansatz, die Anfangsbedingungen korrekt zu erfassen, gar nicht möglich.

Was machen wir jetzt? Wir betrachten mal - siehe Titel - einen Zusammenhang, der den Anschein hat, auch herausgelöst aus dem Gemenge, sich noch so abzuspielen. Und zwar die Wechselwirkung zwischen Wölfen und Schafen. Was passiert mit den beiden Arten, wenn wir in einem gegebenen Areal viele Schafe und ein Rudel Wölfe da unterbringen? Ja klar, die Wölfe fangen an, Schafe zu fressen. Und das machen sie auch nicht aus Gehässigkeit, das machen sie schlicht zum Überleben.

Sollte es zu Anfang mal eine richtig hohe Anzahl an Schafen geben und nur ganz wenig Wölfe, dann können sich diese satt fressen. Jeden Tag ein Schafsbraten! Dabei gibt es Nachkommen bei den Wölfen, und zwar ganz viele, denn es gibt ja genug Schafe zu fressen. Aber wenn die Wölfe den Bogen überspannen und anfangen, mehr Schafe zu fressen als nachwachsen, dann werden die Schafe irgendwann knapp. Und da die Wölfe sich ja immer noch kräftig vermehren, sinkt die Zahl der Schafe dann noch schneller. Die Saure-Gurken-Zeit für die Wölfe bricht schneller heran als gedacht...

Richtig, und jetzt kommt der schwierige Teil. Wir wollen mal versuchen darzustellen, wie sich die Zahlen der Schafe und der Wölfe über die Zeit gesehen verhalten. Und wie oben schon angedeutet, ein paar Kompromisse müssen wir da schon machen. Also, die Wölfe fressen nur Schafe, können sich dann entsprechend vermehren und sterben an Altersschwäche. Die Schafe haben immer genug Gras zu fressen und sterben nicht an Altersschwäche, sondern nur dadurch, dass sie von Wölfen gefressen werden. Ausserdem vermehren sich die Schafe ständig und das Areal, in dem dies alles hier stattfindet, ist vorgegeben und begrenzt.

Was könnte ein möglicher erster mathematischer Schritt sein? Der Versuch darzustellen, wie sich die Anzahl der Schafe S über die Zeit t verändert, also sowas wie S/t. Diese Zahl vergrößert sich einerseits ständig, da die Schafe dauernd am Gras fressen sind, was wir mit dem Faktor a beschreiben. Anderserseits werden die Schafe, wenn sie auf Wölfe, dafür schreiben wir W, treffen, mit einer Wahrscheinlichkeit von c sterben, weil sie ja von den Wölfen gefressen werden. Das könnte in unserer mathematischen Sprache so aussehen:

$S/t = a \cdot S - c \cdot S \cdot W$

Und da sich in dieser Gleichung - mal wieder - veränderliche Grössen wie die Anzahl der Schafe S tummeln, greifen wir zu unserem mathematischen Trick und machen den Zeitraum, in dem sich die Anzahl der Schafe verändert, unendlich kurz. In so einem unendlich kurzen Zeitraum werden - so gut wie - keine Schafe gefressen. Na gut, also unendlich wenig Schafe. Jaaa, ist auch nicht besser. Jedenfalls sieht das dann so aus:

$$dS/dt = a \cdot S - c \cdot S \cdot W$$

Und sowas ähnliches machen wir jetzt mit den Wölfen. Auch da haben wir eine Sterberate, d.h. wenn die Nahrung knapp wird, verringert sich die Anzahl der Wölfe. Diesen Faktor nennen wir mal b. Und dann gibt es noch für die Wölfe so eine Art Beutewahrscheinlichkeit, diese nennen wir einfach mal d. Dann sieht die Formel für die Änderungsrate der Wölfe so aus:

$$dW/dt = -b \cdot W + d \cdot W \cdot S$$

Übrigens, das dient auch nur der Abschreckung, sind das zwei gekoppelte Differentialgleichungen erster Ordnung, bekannt unter den Namen Lotka-Volterra-Gleichungen. Die Lösung dieser beiden Differentialgleichungen gestaltet sich in der Tat nicht ganz so einfach. OK, aber was machen wir dann? Können wir trotzdem irgendwie erkennen, wie sich die Populationen der Schafe und der Wölfe verhalten? Leider nein. Wir müssen hier einen anderen Weg wählen.

Wie könnte dieser Weg aussehen? Nun, auch wenn das Differentialgleichungen sind, sie stehen schon da und wir können sie benutzen. Es ist also nicht so, dass wir nichts haben. Wir müssen lediglich die jeweiligen Werte für die Anzahl der Schafe und Wölfe ausrechnen – Stück für Stück, also in diesem Fall Zeitabschnitt für Zeitabschnitt. Wir lösen das diesmal mit richtigen Zahlen, also numerisch. So nennt sich das in der Mathematik.

Dazu bringen wir das dt auf die rechte Seite der Gleichung und, weil wir sonst ja gar nicht voran kommen würden mit diesen unendlich kleinen Zeitabschnitten, machen wir dieses dt wieder zu etwas grösseren, nämlich zu einem Δt. Auch wenn wir uns damit genau wieder diese Ungenauigkeit einfangen, die wir eigentlich aus unseren Gleichungen raus haben wollten, wir kommen aber da nicht drum rum. Diese dts zu addieren ist wirklich vergebliche Mühe. Und daher sehen unsere Gleichungen für die Anzahl der Schafe jetzt so aus:

$S = \Delta t \cdot (a \cdot S - c \cdot S \cdot W)$

Im Prinzip das Gleiche machen wir auch mit der Gleichung für die Anzahl der Wölfe:

$W = \Delta t \cdot (-b \cdot W + d \cdot W \cdot S)$

Jetzt müssen wir zunächst brauchbare Anfangsbedingungen schaffen. Und da wir aus den unendlich kurzen Zeiträumen schon griffige Zeiträume gemacht haben, macht es auch Sinn, die Anzahl an Schafen und Wölfen recht hoch anzusetzen, damit der Verlauf wenigstens einigermaßen zur Realität passt. Würden wir beispieslweise nur 10 Schafe und 2 Wölfe ansetzen, könnte es passieren, das auf einmal alle Schafe weg wären, dann hätte sich das Thema plötzlich schnell erledigt. Also folgendes hat sich als brauchbar erwiesen:

Anzahl der Schafe	S =	50.000 Stück
Anzahl der Wölfe	W =	500 Stück

Für die jeweiligen Faktoren haben nachfolgende Werte für a bis d für ein hübsches Diagramm auf der nächsten Seite gesorgt. Die einzelnen Werte an sich mögen strittig bis weltfremd sein, sollen sie auch. Das ist nicht das Entscheidende. Das Entscheidende ist die jeweilige Art, wie sich die beiden Kurven im Diagramm verhalten, wenn wir an den Faktoren herumstellen. Wenn wir also hiermit ins Rennen gehen:

Vermehrungsrate der Schafe	a	1,5	1/Jahr
Sterberate der Wölfe	b	0,0015	1/Jahr
Sterberate der Schafe	c	0,3	1/Jahr
Beutewahrscheinlichkeit	d	0,000003	1/Jahr
Zeitabschnitt	Δt	0,12	Jahr

Dann verändern sich die jeweiligen Anzahlen in dieser Form:

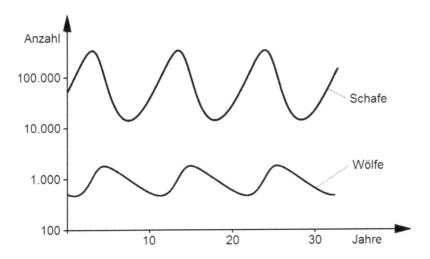

Wunderbar deutlich zu sehen ist dieses zyklische Verhalten, das sich alle 10 Jahre wiederholt. Nach Herzenslust kann nun jeder von uns durch Veränderung der Faktoren und der Anfangszahlen an Schafen und Wölfen die wildesten Szenarien kreieren. Überspitzt formuliert, die Natur als Marionette an den Fäden der Mathematik.

Nachwort

Ich höre jetzt schon die Bedenkenträger und Mathematikexperten herumlamentieren. Wie ich auf die Idee käme, über Mathematik so oberflächlich und unexakt zu schreiben. Da fehlen überall die Definitionen der Zahlenbereiche (was bitte...?), das Integrieren ist hier und da ziemlich amateurhaft und überhaupt, man solle mit Mathematik doch nicht so lax umgehen. Schließlich sei Mathematik eine ernsthafte, exakte Wissenschaft und keine lustige Sache, mit der man an irgendwelchen erfundenen Szenarien aus dem Alltag dran herum bastelt.

Na ja, sollen sie doch lamentieren. Meinetwegen.

Tatsache ist aber, es laufen Milliarden von Menschen herum, die zwar diesen Mathematikunterricht während ihrer Schulzeit erleiden mussten, danach aber einen großen Bogen um die Mathematik machen. Die, um es mal mit den Worten von Galileo zu zitieren, das Buch der Natur, das mit der Sprache der Mathematik geschrieben ist, gar nicht lesen können.

Natürlich kann man auch ohne Mathematik durchs Leben gehen. Man kann auch ohne Musik durchs Leben gehen. Oder ohne Schokolade. Das geht alles. Aber wenn man den Anspruch für sich erhebt, die Welt verstehen zu wollen, hilft es, auch mathematische Zusammenhänge lesen zu können.

Danksagung

Ohne die nachfolgenden klugen Geister (in alphabetischer Reihenfolge) wäre auch dieses Buch nie entstanden:

Albert Betz
Jean Baptiste Biot
Tycho Brahe
Christian Doppler
Leonhard Euler
Joseph Fourier
Otto Hahn
Marcq Saint Hilaire
Jean Baptiste Joseph Fourier
Galileo Galilei
James Prescott Joule
Gottfried Wilhelm Leibniz
Alfred James Lotka
Lise Meitner
Dmitri Mendelejew
Isaac Newton
Pythagoras von Samos
Bobby Schenk
Vito Volterra

Literaturverzeichnis

Höfling / Physik
Kuchling / Taschenbuch der Physik
Physik für Studenten der Naturwissenschaften / Stroppe
Bartsch / Mathematische Formeln
Gerthsen Kneser Vogel / Physik
Paul A. Tipler / Physik

Milton Keynes UK
Ingram Content Group UK Ltd.
UKHW032328221024
449917UK00004B/297